谁掌握了正确的家教方法，
谁就赋予了孩子幸福的人生。

成功家教
直通车

U0740560

好孩子 是这样教出来的

编著 李新慧

煤炭工业出版社
·北京·

图书在版编目（CIP）数据

好孩子是这样教出来的／李新慧编著 . －－北京：
煤炭工业出版社，2014（2017.4 重印）
（成功家教直通车）
ISBN 978 - 7 - 5020 - 4522 - 7

Ⅰ.①好… Ⅱ.①李… Ⅲ.①家庭教育 Ⅳ.①G78

中国版本图书馆 CIP 数据核字（2014）第 088803 号

煤炭工业出版社　出版
（北京市朝阳区芍药居 35 号　100029）
网址：www. cciph. com. cn
北京一鑫印务有限公司　印刷
新华书店北京发行所　发行
＊
开本 720mm × 1000mm¹/₁₆　印张 13
字数 170 千字
2014 年 8 月第 1 版　2017 年 4 月第 2 次印刷
社内编号 7365　定价 25.80 元

前　言

　　每个父母都希望自己的孩子是好孩子，但是什么样的孩子才是父母眼中的好孩子呢？尽管目前对"好孩子"还没有一个明确的、权威的界定与标准，但做家长的都会根据自己的经验，参照周围成功人士的模式，勾画出自己心目中"好孩子"的标准。由《知心姐姐》杂志完成的一项关于"父母与孩子沟通现状"的调查就显示了大多数家长心目中"好孩子"的标准。在问及"您最满意自己孩子哪一点"时，来自全国18个省（自治区、直辖市）的1904名父母回答了这一问题。

　　其中，满意自己的孩子"有良好的学习习惯"、"学习刻苦认真"、"自觉主动学习"的家长占38.23%；满意自己的孩子"诚实、真诚、守信、拾金不昧"的家长占15.6%；满意自己的孩子"勤快、做家务"的家长占到12.34%；满意自己的孩子"听父母和老师的话"的家长占到11.08%。而满意自己的孩子"有创造力、想象力丰富"的家长占2.68%，排在第18位；满意孩子"有思想、有主见、有独立思考问题的能力"的家长占1.21%，排在第26位；满意自己的孩子"有强烈的好奇心"的家长比例只有1.05%，排在第30位；而看重孩子"能与人合作"的家长在调查中仅有4人，排在倒数第三。

　　从上述调查可以看出：爱学习、诚实守信以及勤快和听话是绝大多数家长心目中"好孩子"的标准，而独立意识、创新能力、合作交

1

流等并没有被家长们广泛认同，即是说"好孩子"的标准仍然停留在传统的层面上。而作为"现代人"所应该具备的素质，并没有随着社会的发展与进步而及时在家长的教育观念上得以确立和体现。

父母既然是孩子的第一任老师，就得具备"老师"的资格。尽管所有的父母都爱自己的孩子，但教育的确是门学问，在面对自己的孩子时，我们不得不承认，当我们以为他（她）该懂事了，该承担一点责任了，该知道照顾自己了，该……时，与孩子之间，就会有不愉快，不开心。我们都希望孩子健康快乐地成长，但是我们并不一定知道如何做才最有益于孩子成长。

每个孩子都是一个与众不同的生命个体，父母不要把自己的主观意识强加给孩子，希望把孩子塑造成什么样的人，而要看孩子愿意成为什么样的人。在成长的道路上，父母要告诉孩子，人生不可能是一帆风顺的，成功往往是与艰难困苦、坎坷挫折相伴而来的。我们要像大自然中的野花那样坚韧不拔，更要具有顽强的生命力和朝气蓬勃的精神；在成长的道路上，不要害怕孩子犯错误，每一次跌倒都是一次成长；孩子的身上存在缺点并不可怕，可怕的是作为孩子人生领路人的父母缺乏正确的教育观念和教子方法。

孩子是一朵娇嫩的花儿，成长的道路上需要父母的精心呵护！《好孩子是教出来的》讲述了许多具体的教育方法，更精心选取了许多经典案例，从孩子的视角，让你更多地了解孩子，针对孩子成长过程中的各种问题，给你科学化的教育建议，让每个孩子都能更好地全面发展。

目 录

第一章
好孩子需要良好的教育

一、 教育决定未来

（一）最好的天使也有其独特的问题

当孩子降生到这个世界上时，都是天真而善良的，但他们也都有自己独特的问题。作为家长，我们的角色是帮助孩子去面对他们特有的挑战。我们可以给孩子提供帮助，但却无法帮他们避免具体的问题和挑战。认识到这一点，我们就可以少操一点儿心，不用整天想着怎么去改变他们，或是怎么解决他们的问题。我们可以让孩子就做他们自己，把我们有限的精力用于帮助他们去应对生活的挑战。当家长以一种更放松、更信任的态度看待孩子时，孩子就更加容易建立起对自己、对父母以及对未来的信心。

每个孩子都有自己独特的命运。接受这个现实可以让家长更安心、更放松，我们无须为孩子面对的每个问题负责。我们浪费了太多的时间和精力，总是试图去弄明白我们做错了什么，或是孩子应该怎么做，为什么不接受所有的孩子都有问题、麻烦和挑战这个事实呢？家长的工作是帮助孩子面对并成功地处理这些问题。我们要牢记，孩子们有自己要面对的挑战，同时也有自己的天赋，我们无法改变他们。然而，我们要确信给孩子成长的机会，他们就能成为最好的自己。

在遇到挫折的时候，我们可能会怀疑孩子是不是有什么问题。此时，我们需要记得孩子来自天堂，虽然他们在生活中会遇到问题和挑战，但他们仍以自己的方式完美地存在着。他们的成长不仅需要我们的同情和帮助，也需要那些挑战的磨砺。克服那些特有的障碍，不仅有助于他们获得自己所需要的支持，还能帮助他们发展独特的个性。

对每个孩子来说，健康的成长意味着在生活中总会面临一些挑战。在学习接纳家长和社会给他们设定的限制的过程中，孩子可以学会一些重要的生活技能，比如原谅、延迟满足、接纳、合作、创新、同情、勇敢、坚持、自我纠正、自尊、独立自主以及自我引导。例如：

除非有需要原谅的对象，否则孩子就学不会原谅。

如果孩子们要什么有什么，他们就不会有耐心，更学不会延迟满足。

如果身边的人都很完美，孩子们就无法学会接纳自己的不完美。

如果孩子们事事顺心，他们就学不会合作。

如果所有的事情都有人为他们做好了，孩子们就学不会创新。

如果所有的事情都很简单，孩子们就无法变得坚强而有力量。

除非孩子们感觉过痛苦和失去，否则他们就无法学会同情和尊重。

除非孩子们身处逆境，否则他们就学不会勇气和乐观。

除非孩子们经历过困难、失败或错误，否则他们将无法学会自我纠正。

除非孩子们曾经克服障碍达成目标，否则他们就感受不到尊严或者自豪。

除非孩子们经历过排挤或拒绝，否则他们就无法培养独立自主的能力。

除非孩子们有机会反抗权威，或未曾得到自己想要的，否则他们就无法学会自我引导。

从很多方面来说，挑战和成长的痛苦不仅是不可避免的，同时也是必需的。作为家长，我们的责任不是保护孩子免受生活的挑战，而是要帮助他们成功地战胜挑战，并帮助他们成长，协助孩子应对生活中的挑战和挫折。如果你总是替孩子解决问题，那他们就无法发现自己内在的力量和才华。

生活中的困难以其独特的方式磨炼孩子的心智，并激发他们最大的潜能。蝴蝶破茧而出的时候，要经历痛苦的挣扎。如果你为了让它少受点苦而割开茧，那它很快就会死去。这种挣扎是蝴蝶形成翅膀上的肌肉所必需的。没有这番挣扎，它将永远无法飞翔，甚至会失去生命。同样的道理，为了让孩子们更强壮，在天空中自由翱翔，他们需要一些特别的挑战，还有一些特别的支持。

为了战胜挑战，每一个孩子都需要特别的爱和支持。没有这种支持，他们的问题会被放大和扭曲，有时甚至会引发精神疾病和犯罪。作为家长，我们的责任在于要给予孩子特别的支持，这样他们才能更加强壮，更加健康。如果我们干预了孩子的成长，让成长之路过于顺利，我们实际上是在削弱孩子的力量。但如果我们让孩子的成长过于艰难，又没有提供足够的帮助，其实也会影响他们的成长。没有家长的帮助，孩子无法顺利成长，也无法培养出成功生存所需的所有技能。

（二）孩子需要正确的培育引导

要帮助孩子发现他们内在的力量，让内在潜能得到更充分的发挥以应对生活的挑战，有 5 条重要的教育原则，下面让我们一起来对这 5 条原则作详细探讨。

1. 与众不同没关系。所有的孩子都是独一无二的，他们有自己特别的天赋、挑战和需要。作为家长，我们的责任就是识别出他们的特殊需要并提供帮助。一般来说，男孩子会有一些特殊的需要，而对女孩子来说这些需要就不那么重要。反之亦然。此外，不管是男孩还是女孩，每个孩子都有与自己独特的挑战和天赋有关的特殊需要。

孩子们在学习的方式上也不尽相同，家长们有必要了解这种差异，不然他们会对孩子的功课进行比较，结果引起不必要的挫败和失望。孩子在学习功课时有三种类型：跑步者、步行者和跳跃者。跑步者学得很快；步行者学得很稳，你可以很清楚地看到他们的进步；最后是跳跃者，抚养跳跃型的孩子会比较辛苦，他们看起来什么都没学进去，也没有任何进步，但突然有一天，他们向前跳了一大步，全都学会了。跳跃型的孩子就好像迟开的花朵，他们需要花更多的时间来学习。

父母还需了解孩子的性别不同，对其爱的表达方式也是不同的，这很重要。例如，女孩子通常需要更多的关心，但太多的关心会让男孩子觉得不被信任。男孩子需要更多的信任，但太多的信任会让女孩子觉得你不够关心她。父亲最容易犯的错误是把男孩子的需要给女儿，而母亲最容易犯的错误是把女孩子的需要给儿子。了解男孩和女孩不同的爱的需要，可以帮助父母更好地抚养孩子，此外，还能减少父母对于如何养育孩子方面的争吵。要知道：爸爸来自火星，妈妈来自金星。

2. 犯错误没关系。所有的孩子都会犯错，这很正常，也是我们意料中的事。犯了错并不意味着孩子有什么问题，但如果父母的反应就好像孩子不应该犯错误似的，孩子就不会这么觉得了。犯错误是很自然、很正常的，没什么——这种观念要靠家长的示范，孩子才能明白。当家长愿意承认自己在对待孩子和支持孩子时犯的错误，以及父母之间相处所犯的错误时，孩子才能够最有效地明白这个道理。

当孩子看到父母时常为自己的错误道歉时，他就会逐渐明白要对自己的错误负责。父母要成为孩子的榜样，而不是一味说教。孩子是从榜样身上学习，而不是从说教中学习的。通过不断地原谅父母的错误，孩子不仅从中学会了更有责任心，还逐渐学会了宽恕。

孩子天生就有爱父母的能力，但他们无法爱自己或原谅自己。他们是从父母对待自己的方式，以及当他们犯错误时父母的反应中学会爱自己的。如果孩子没有因为犯错误而受到羞辱或惩罚，那他们就有了很好的机会来学习人生中最重要的能力——爱自己以及接纳自己的不完美。

当孩子们反复体验到父母犯了错误却仍然可爱时，就学会了这种能力。羞辱或惩罚对孩子养成爱自己、原谅自己的能力是有妨碍作用的。父母要学会用有效的新方法取代责打、羞辱和惩罚的旧方法，包括用请求取代命令，用奖励取代惩罚，用"暂停"取代责打。"暂停"的方式如果得到长期合理的运用，它的作用与责打、惩罚的效果是一样的。

3. 释放消极情绪没关系。有生气、伤心、恐惧、悲痛、沮丧、失望、担心、尴尬、忌妒、受伤、不安全感、羞愧等消极情绪很正常，它们是孩子成长过程中的重要部分。有消极情绪没关系，但需要释放出来。

父母需要学会创造机会，让孩子们感受并释放内在的消极情绪。尽管表达消极情绪没有关系，但孩子表达消极情绪的方式、时间和地点并非总是恰当的，是需要学习的。另外，你也不要为了避免孩子发脾气而去安抚他，否则，当你没机会让孩子"暂停"，或手边有更紧急的事情需要处理时，孩子就会突然发脾气。

为了让孩子更好地了解自己的情绪，我们必须学习新的沟通技巧并勤加练习，要不然，他们就会失控，挑战你的权威，随意乱发脾气。家长要学会处理自己的情绪，否则孩子会把家长压抑的情绪，连同孩子自己的情绪一起表达出来。这项原则解释了为什么孩子总是会在家长最不方便的时候失控，特别是当我们倍感压力、不堪重负，却努力掩饰自己情绪的时候。

正面积极的养育还包括不让孩子为父母的感觉负责。当孩子得到这样的信息——自己的情绪以及情绪中隐藏的对理解和爱的需求会给父母造成不便时，那他们就会压抑自己的情绪，从而脱离了真实的自我。

聪明的父母知道让孩子认识自己的情绪的重要性，但他们也常常会犯这样的错误，那就是在教孩子感受各种情绪时，过多地与孩子分享自己的情绪。想培养孩子了解自己的情绪，最佳方式是带着同情和理解去聆听孩子的心声，帮他们弄清自己的感觉。家长最好以讲故事的形式和孩子交流消极情绪，还有自己应对挑战时获得成长的感觉。跟孩子讲自己的消极情绪，可能会让孩子背上不该有的思想负担，孩子会责备自己，以为是自己造成了父母的坏情绪，而无法感觉到自己内心的真实感受。最终，他们会走开，不再跟你交流。

例如，你告诉孩子："你爬树的时候我很害怕你会掉下来。"这会让孩子感觉受到消极情绪的操纵和控制。大人应该这样说："爬树不是很安全，我希望我在的时候你再爬。"这样的说法不仅更有效，而且能让孩子学会不依据消极情绪来做决定。孩子的合作不是为了使父母免于担心，而是因为家长要求他们这么做。

与和孩子分享自己的情绪相比，通过理解、肯定和倾听等方式，家长可以更好地帮助孩子增进对情绪的了解。有时，直接询问孩子感觉如何或是需要什么，可能会给他们太大的权力。我们需要运用新的倾听技巧，让孩子表达自己的感受并理解孩子的需求。"宽容的"家长将学到如何不被孩子的要求和情绪所控制。"严格的"家长会更了解自己是如何以各种方式，在不知不觉中让孩子因消极情绪而受到羞辱的。

通过感受和表达消极情绪的方式，孩子们可以更好地把自己和父母区别开来，逐渐形成强烈的自我意识，发现自己的能力，如创造力、直觉、爱、方向感、信心、快乐、同情心、良知以及犯错之后自我纠正的能力。这些能力能帮他们尽情地展现自己的才华，获得成功和自我实现。而与内在的情绪保持联结，有能力释放消极情绪，是所有这些能力的成因。成功的人也会感觉到失落，但他们很快就能从情绪中脱离出来，因为他们知道如何释放内在的消极情绪；大多数不成功的人要么无法体会自己内心的感受，依据消极情绪做出决定，要么就是沉浸在消极情绪和态度中难以自拔。不管是哪一种情况，他们都无法实现自己的梦想。

4. 要求更多没关系。当孩子想要更多，或是因为没有得到自己想要的而感到不开心的时候，常常被家长批评，孩子从中就会得到这样的信息——我是错的，我是自私的，我被宠坏了。家长太急于让孩子学会感恩，不允许孩子要求更多。当孩子想要更多时，家长总是很快给予这样的回应："你要懂得感谢现在你已经拥有的一切。"

孩子们并不知道如何把握提要求的度，我们也不应该期望他们知道。即便是成年人也很难断定要多少才不会显然冒犯，或是太过贪婪，不懂感恩。成年人都很难处理好的事情，期待孩子能够处理得恰如其分显然是不合适的。

正面的养育技巧会帮孩子学会如何用更尊重他人的方式提出自己的要求。同时，家长也要学会如何说"不"，也不用感到歉疚。孩子可以更自由地表达自己的要求，因为他们知道自己不会受到羞辱。同时，他们还会认识到，提要求并不意味着自己的要求一定会被满足。

除非孩子们可以自由地提要求，否则他们永远不会清楚地知道什么可以得到，什么得不到。而且通过争取自己想要的，他们能迅速学会令人难以置信的谈判技巧。大多数成年人都缺乏谈判能力，除非觉得对方的答案会是肯定的，否则都不愿提出要求；一旦遭到拒绝，他们通常也只会被动地接受，或顺从地走开，或者心怀怨恨，更有甚者直接就翻脸。

当孩子可以随意提出要求时，他们争取自己想要的东西的内在力量就会得到迅速发展。长大之后，他们就不会把"拒绝"当作最终答案。他们从儿时就学习谈判，并经常说服你给予他们想要的东西。与哭闹的孩子纠缠和与谈判高手交锋，这两者之间有很大的差别。运用正面养育技巧的家长会在每一次谈判中都居于主导地位，并会对谈判持续的时间设定明确界限。

允许孩子提出更多要求，你就给了他们明确的方向和追求自我生活的力量，这是父母给予孩子的一份重要礼物。今天有太多的女人感到自己无助脆弱，因为她们总是被教导要更关心其他人的需要，如果她们因没有得到自己想要或是需要的而难过，反而会对此感到惭愧。

父母能教给女儿的一个最重要的能力就是大胆提出自己的要求。大多数女性在小时候没有练习的机会，她们不是直截了当地提出自己的要求，而是通过更多的付出来间接地要求，并希望别人无须她们要求就会给予回报。缺乏直接要求的能力，妨碍了她们在生活及人际关系中获得自己真正想要的。

我们要允许女孩提出更多要求，而男孩需要的是当他们没有得到自己想要的东西的时候，能够得到家长的支持。男孩子常常给自己设定过高的目标，而家长往往害怕孩子达不到目标而失落，会试图说服他放弃追求的目标。但家长并没有认识到练习如何应对失望的情绪比达到目标更重要，只有这样，孩子才能重新振作起来，再次向目标挺进。对女孩子更好的支持是家长要多问问她的想法，而男孩需要的特别支持是帮助他们认清并释放自己的情绪。对男孩子来说，最好的帮助就是询问他们具体的细节，但同时家长要注意的是，不要给他任何建议或"帮助"。甚至太多的同情也要尽量避免，因为这会让他产生逃避的心理，不再和父母谈论所发生的事情。

妈妈们最常犯的错误就是问了太多问题，如果在谈判中处于被动，许多男孩子都会选择避而不谈；如果你给男孩的建议是如何解决问题，那么他们通常会很抵触，他已经感觉很受挫了；如果此时别人告诉他应该怎样解决问题，或是他造成了什么问题，这只会让他感觉更加糟糕。

例如，有一次儿子没考好，他感觉很失望，他的妈妈关切地说："我觉得如果你少看点电视，花更多的时间学习，一定会考得很好的。你真的很聪明，只是没有给自己机会。"她以为自己是在关心孩子，但在这种情况下，为什么儿子不再告诉妈妈自己的困扰呢？很显然，她的建议不请自来，儿子感觉到的不仅是批评，还有不信任，他觉得妈妈不相信自己能够处理好这件事。

5. 说"不"没关系，但要记住父母才是主导者。家长要允许孩子说"不"，但同样重要的是，孩子们也需要知道家长才有决定权。允许孩子说"不"使他们拥有了真正的权力。大多数家长害怕给孩子这样的权力，因为这很容易宠坏孩子，在现代社会，孩子最大的问题之一就是拥有了太多的自由。父母虽然觉得应该给孩子更多权力，但却没有学会如何保持自己的主导地位。除非他们采用"暂停"等正面养育的技巧，孩子才会愿意合作，否则他们会变得索求无度、自私、易怒。只有当爸爸妈妈能够保持自己的主导地位时，给孩子更多权力才能够达到效果。

允许孩子说"不"，孩子们就可以更加自如地表达自己的情绪，并发现自己真实的需要，这为他们与家长进一步谈判打开了一扇门。不过这并不意味着你要按照孩子的要求去做。孩子的感觉和要求能够让爸爸妈妈听到，这本身就能够让他们更愿意合作。更重要的是，这让孩子在合作的同时，也无须压抑真实的自我。

调整自己的要求与否认自己的要求之间有很大的区别。调整自己的要求意味着遵从父母的愿望，而暂时放下自己想要的。而否认意味着压抑自己的需要和感觉，屈从于父母的需要，这会瓦解孩子的意志。当马被驯服之后，它会变得顺从合作，但它的自由意志也损失了大半。

对德国纳粹时期的养育过程的分析显示，如果孩子反抗权威，将会受到严厉的羞辱和惩罚。那时的德国家长禁止孩子发出自己的声音。回顾这段历史，我们可以清晰地看到，孩子的意志被摧毁，导致他们盲目跟随强硬而疯狂的独裁者，沦为没有思想的、无情的追随者。如果一个人缺乏强烈的自我意识，那他会很容易成为其他人操纵和虐待的牺牲品，因为他感到自己是没有价值的，也不敢坚持自己的观点。

调整一个人的意愿叫"合作"，而服从一个人的意愿就是"顺从"。正面的养育方法旨在培养具有合作精神的孩子，而不是顺从的孩子。对孩子来说，盲目听从父母的意愿是不健康的。允许孩子感受并说出自己的抵触情绪，不仅有助于孩子发展自我意识，也会使孩子更愿意合作。顺从的孩子只会服从命令，他们不会思考，不会感受，也无法促进事情的发展；而合作型的孩子会全身心地投入到每一次互动中，从而能够更好地成长。

合作型的孩子可能仍然希望得到自己想要的东西，但他们更想让父母高兴。

允许孩子说"不"并不意味着给了他们更多的权力，事实上是给了父母更多的控制权。每次当孩子拒绝而家长仍然维持自己的主导地位时，孩子就会体验到爸爸妈妈才有最终决定权。显然这也是让孩子"暂停"这种行为非常有价值的主要原因。

如果孩子发脾气或拒绝合作，他们不是不愿意配合你，而是无法自控。为了让孩子与父母合作，父母需要把孩子抱起来，把他们放在某个房间，进行一段时间的"暂停"，这可以让家长重新取得控制权。

在"暂停"阶段，孩子可以自由地反抗，并表达自己的各种感觉，但他们必须遵守父母对"暂停"所设定的时间限制。一般来说，每一岁需要一分钟的"暂停"时间。一个4岁的孩子需要"暂停"4分钟。"暂停"可以让孩子重新获得处于你的控制之下的安全感，重新感觉到你是主导者。孩子的消极情绪得以释放，他又愿意让父母高兴和与父母合作了。

有些家长对孩子过于纵容，或没有给孩子足够时间去"暂停"，这会在不知不觉中让孩子丧失安全感。孩子刚开始会觉得自己有了控制权，但是因为他们还没有准备好掌管这一切（尽管他们喜欢权力），他们会不安。想象一下，让你雇200个工人，在6个月内建一幢大楼，或是让你给一个刚刚受了枪伤而血流不止的人做手术取子弹。如果你从没受过这方面的训练，你也会突然觉得非常不安。当孩子开始感觉到这种不安时，他们也会感到有些害怕，觉得自己要求得过度了。

一个索求过度或是"被宠坏"的孩子，通常需要更多的"暂停"时间。一个十几岁的被宠坏的孩子，仅仅是在自己的房间里进行"暂停"可能是不够的。有时在有人监护的情况下到另一种环境中待一段时间，比如在导游的陪同下在森林里住上一段，也可以与孩子最喜欢的叔叔、阿姨或是祖父母一起生活一段时间，这可以帮助十几岁的孩子恢复真实的自我，重新感觉到对父母的管理的需要。

孩子天生就有让父母高兴的愿望，正面养育的沟通技巧可以强化孩子的这个愿望，让孩子更愿意听从父母的意愿。同时我们应该允许孩子反抗，准许他们说"不"。这有助于他们形成健康的自我意识，而不至于总是屈从父母。

如果孩子儿时没有表达自我的机会，他就会在青春期强烈地逆反。尽管十多岁的孩子仍然需要生活上的指导，但由于他们没有形成自我意识，就会有一种强烈的欲望，要和家长的意愿背道而驰。

很多家长以为这个时期的孩子脱离并且反抗父母是非常正常的。事实上，只有那些在小时候没有得到自己所需要的支持的孩子，叛逆才是一种正常的反应。对那些被允许自己有反对意见，但最后仍然选择与父母合作的孩子来说，他们具有健康的自我意识，到了青春期就不需要反叛。他们仍然会离开父母，但他们并不叛逆，而且会持续地回到父母那里寻求爱和支持。

有些孩子现在已经十几岁了，他们小的时候家长并没有运用正面养育的 5 条原则来抚育他们，但从现在开始父母运用正面养育的技巧与他们改善交流也不晚。不论从何时开始，通过运用正面养育的 5 条原则，你都能够改善与孩子的交流，培养孩子的合作精神，让孩子最大限度地发挥自己的潜力，成为最优秀的人。

（三）后天教育比先天天赋更加重要

"人刚生下来时都一样，仅仅由于环境，特别是幼小时期所处的环境不同，有的人可能成为天才或英才，有的人则变成了凡夫俗子甚至蠢材。即使是普通的孩子，只要教育得法，也会成为不平凡的人。"这是爱尔维修所说的一句话。不过这个看法也有一定的局限性，强调了环境的影响却忽略了孩子们的天赋差异。

哲学家卢梭在他的教育学著作《爱弥儿》一书中有如下一则比喻：

有两只狗，它们由一个母亲所生，并在同一个地点接受同样方式的教育，但是，其结果却完全不一样。其中一只狗聪明伶俐，另一只狗愚蠢痴呆。这种差异完全是由于它们的先天性不同造成的。

与之相对的是著名教育家裴斯塔洛齐的一段寓言：

有两匹长得一模一样的小马。一匹交由一位庄稼人去喂养，但那个庄稼人非常贪得无厌，在这匹小马还没有发育健全时就被用来赚钱，最后，这匹小马变成了无价值的驮马。与上述这匹马命运迥异的是，另一匹小马托付给了一个聪明人，最后在他的精心喂养下，这匹小马竟成了日行千里的骏马。

上面的两个小故事提出了两种截然相反的观点，前者强调的是人的命运由其天赋的优劣来决定，认为环境的作用是次要的。而后者却恰恰相反，认为天赋是毫无用处的，而后天环境的作用至关重要。

对于孩子的成长问题，很少有家长支持裴斯塔洛齐的学说，很多人更倾向于卢梭的说法，爱尔维修肯定是裴斯塔洛齐派的支持者。大多数人虽然是倾向裴斯塔洛齐派学说的，但仍有少数人坚守自己的观点，并不是完全站在他这一边的。

后天教育是孩子成才的决定性因素这种观点是有根据的。如同孩子的智商是有差别的，有的孩子多一点，有的孩子少一点。如果很幸运地生下一个智商为100的天才，那么普通孩子的智商大概只有50，笨孩子的智商可能在10以下了。

要是孩子们都受到相同的教育，那么他们所具备的智商优劣就决定了其命运。但是目前孩子们受到的教育都很不完善，以至于他们的智商不能被充分地发挥出来。例如有的孩子具有60的智商，结果可能只发挥出了30，具备80智商的孩子只能发挥出40。

因此，倘若能趁机实施可以发挥孩子智商八到九成的有效教育，即使生下来智商只有50的普通孩子，也会优于生下来智商为80的孩子。当然，如果对生下来就具备80智商的孩子施以同样的教育，那么前者肯定是赶不上后者的。不过并不要悲观，因为生下来就具备高超智商的孩子毕竟只是少数，大多数孩子，其智商在50左右。

（四）养育观念引发的蝴蝶效应

即便你很好地理解了正面养育的 5 条原则，要成为好的父母也不是一件容易的事，这需要边学边练。养育孩子会不断挑战你的极限，也许你从未想过自己可以对孩子付出这么多。可不论你做得有多好，你会发现自己总是容易陷入困惑："现在我该怎么办？"幸运的是，你可以反复阅读本书。当某种做法看起来根本没有任何效果，或是你不知道自己该做什么时，你不妨回顾一下正面养育的几条原则，你就会发现是哪部分自己没有注意到，然后更好地去把事情做好。

作为父母，我们无法通过更多的练习让自己做好准备或是让自己什么事都做得很完美。突然之间，孩子就降生了，他是那么脆弱，而我们就面临着照顾这个孩子的艰巨任务。我们常常不确定怎样做对孩子来说是最好的。尽管我们一再提醒自己孩子来自天堂，他们有自己独特的命运，但他们的未来实际上还是掌握在我们手中。我们如何养育并照料他们，对他们能否成功地展现自己的全部潜能，有着很大程度的影响。

养育孩子父母要付出很多，但这一切是非常值得的。正面养育的原则很容易理解（但并不"容易记住"）。这些原则会时刻提醒你：孩子需要你，你只需作一点点调整，就可以成功地满足孩子的需要。

记住，没有人可以比你做得更好。尽管孩子来自天堂，但他们也来自于你，他们需要你。学习如何为人父母是最值得你付出努力的事情。大多数家长对正面养育理解不深，根本不知道自己对于孩子和孩子的未来是多么重要。最后不仅孩子会错失发展机会，父母也一样错失了最好的养育时机。

养孩子不容易，为人父母责任重大，也令人骄傲。现在，当我们了解了孩子的真正需要，也知道如何做才能帮助他们，你会越发觉得做父母的有多伟大，越发觉得为自己的家庭付出是多么值得骄傲的一件事。

　　我们无法满足孩子所有的要求和愿望，但我们可以帮助他们以一种更坚强、更自信的健康方式去应对失望的情绪。你也不可能在他们需要你的时候，总在他们的身边，但是你会知道该如何安慰他们，这有助于他们的情感创伤得以疗愈，并重新感受到爱和支持。每一位家长都渴望孩子能够实现自己的理想和抱负，通过运用正面养育的 5 条原则，并牢记孩子来自天堂，你将帮助你的孩子做好最充分的准备去实现所有的梦想。

二、从"赏识"到"赞美"，给孩子创造快乐的起点

不会赏识孩子，就不会教育出好孩子，因为孩子得不到赏识，就不会有自信，就不会以最乐观的态度去面对人生。换一种态度，从现在开始，赏识你的孩子。

（一）"赏识"就是"教育"的种子

赏识就是认识到别人的才能或价值而予以重视、肯定或赞扬。人生最大的快乐，莫过于自己的才能或价值被重视或赞扬；人生最大的痛苦，莫过于自己的才能或价值被埋没。所以，人人都应该学会赏识，"人性最深层的需求就是渴望别人的欣赏"。

在一个理发店里，徒弟给一位顾客理完发，顾客照照镜子说："头发留得太长了。"徒弟不知道如何对答。师傅在一旁笑着解释："头发长使您显得含蓄，这叫深藏不露。"顾客高兴而去。

第二天，徒弟给另一位顾客理完发，顾客照照镜子说："头发剪得太短了。"徒弟又不知如何对答。师傅笑着解释："头发短使您显得精神、朴实、厚道。"

顾客听了欣喜而去。

第三天，徒弟给第三位顾客理完发，顾客说："时间花得太长了。"徒弟无言。师傅笑着说："为'首脑'多花点时间很有必要，您没听说，进门苍头秀士，出门白面书生？"顾客大笑而去。

第四天，徒弟给第四位顾客理完发，顾客有些不高兴地说："20分钟就解决问题，太快了吧。"徒弟不知所措。师傅抢答说："如今时间就是金钱，'顶上功夫'速战速决，为您赢得了时间和金钱。"顾客欢笑告辞。

晚上打烊，徒弟怯怯地问师傅："我没一回做对过，这是怎么回事呢？您还每次替我说话？您说说这里的道理。"师傅宽厚地笑道："每一件事都包含了两重性，有对有错，有利有弊。我之所以替你打圆场，原因有二：对顾客来说，是讨他喜欢，因为谁都爱听吉言；对你而言，既是鼓励又是鞭策。万事开头难，我希望你以后把活儿做得更加漂亮。"徒弟很受感动，从此，他越发刻苦学艺，技艺日益精湛。

没过多久，这个小学徒就成为了远近闻名的"优秀理发师"。在谈到自己所取得的成功时，他说："这和当年师傅对我的鼓励和赏识分不开，正是得到他的赏识，我才为自己建立了这样的自信，以至于取得现在的成功。"

这个事例说明赏识对一个人成才的重要性。同样的道理，我们也能从这个小故事中得到一些关于教育的真理：教育需要赏识。我们甚至可以说："没有赏识，就没有教育。赏识是教育的最有效的手段。"

作为家长，我们应该好好想想这个故事带给我们的启示。其实，对孩子来讲，他们最需要的莫过于大人的赏识。赏识教育是给予孩子肯定的教育，是承认差异、允许失败的教育，是充满人情味和生命力的教育，是让孩子热爱生命、热爱时代、热爱大自然的教育，是让所有孩子欢乐成长的教育。

其实，中国伟大的教育家陶行知先生，早在半个世纪之前就深刻指出：教育孩子的全部秘密在于相信孩子和解放孩子。而相信孩子，解放孩子，首先就要学会夸奖孩子，没有夸奖就没有教育。中国青少年研究中心副主任孙云晓在一次讲座上给父母布置了"暑假作业"："你今天回家去发现一个孩子的优点，能够发现十个的，是优秀的父母；能够发现五个的，是合格的父母；不能发现的，是不合格的父母。"著名儿童教育家"知心姐姐"卢勤，在演讲中也反复强调，要多夸孩子，有孩子的父母要反复跟孩子说："宝贝，你真棒！"可见，赏识孩子应该是最好的教育方式；学会夸奖自己的孩子，是每个父母必须学会的教育方式。因此，当你的孩子有点滴进步时，你一定不要忘记夸奖他，这样会给孩子增强自信心，让孩子获得成就感。

被尊称为"教育史上的哥白尼"的捷克教育家夸美纽斯指出："应当像尊敬上帝一样地尊敬孩子。"人性之中最本质的需求就是渴望得到赏识。就精神生活而言，每个幼小生命仿佛都是为了得到赏识而来到人间，谁也不是为了挨骂而活着。不要说未成年小孩子，就是我们大人，谁都愿意和赏识自己的领导、赏识自己的同事一道工作，谁也不愿意和整天横挑鼻子竖挑眼，对这不满意，看那不顺眼的人一起共事。

孩子与成年人不同。成年人在这个单位不被赏识，干得不顺心，可以调换到另一个单位去工作，而孩子不被父母所赏识，却没地方去了。所以说，学会赏识——应当是每个家长的座右铭。"哪怕天下所有人都看不起我们的孩子，做父母的也应该眼含热泪地欣赏他、拥抱他、称颂他、赞美他，为他们感到自豪，这才是每个孩子的成才之本。"这是一位聋童父亲在为改变女儿命运的坎坷途中发现的一个奥秘。

我们当家长的，没有任何理由对孩子说泄气话，因为孩子成长的道路犹如赛场，他们多么渴望父母善于发现自己身上的闪光点，为自己呐喊加油，哪怕一千次跌倒，也要坚信他们一千零一次能站起来，去争取人生的辉煌。

没有赏识，就没有教育。赏识是热爱生命，善待生命，是孩子无形生命的阳光、空气和水；赏识是沟通、是平等，是生命之间交往的桥梁。去真诚地赏识你的孩子吧，让孩子找到好孩子的感觉，使孩子拥有一个金色的童年。

"赏识教育"可以帮助孩子建立自信，找到自我教育的能力。美国心理学家威廉·詹姆斯有句名言："人性最深刻的原则就是希望别人对自己加以赏识。"赏识从本质上说就是一种激励。詹姆斯还发现，一个没有受过激励的人仅能发挥其能力的20%~30%，而当他受过激励后，其能力是激励前的3~4倍。因而在学习过程中，激励的存在，至关重要，任何学生都需要不断的激励。因此，家长朋友们，请记住：没有赏识，就没有好孩子。从现在开始，学会赏识你的孩子吧!

著名心理学家桑代克认为，赏识、奖励能加强行为，惩罚则会减弱行为，两者的作用是对应的。很简单的一句话道出了"赏识教育"的核心。另外，我们也可以从著名教育家赫洛克的著名实验来领会赏识教育的神奇效果。

赫洛克曾把工106名四五年级的学生分成四个等组，在不同诱因的情况下，进行加法练习，每天15分钟，共进行5天。

第一组为受表扬组，每次练习后给予表扬和鼓励；

第二组为受训斥组，每次练习后，严加训斥；

第三组为观察组，每次练习后，既不给予表扬，也不给予批评，完全不注意他们，只让其静听其他两组受表扬和挨批评；

第四组为控制组，让他们与另外三组相隔离，单独练习，不予任何评价。

结果，赫洛克发现，就学习的平均成绩来看，前三个实验组的成绩均优于控制组，受表扬组与受训斥组的成绩又明显优于观察组，而受表扬组的成绩不断上升。

这表明，适当表扬的效果明显优于批评。从这个小实验中我们得到这样的启示：对孩子赏识，孩子会用优异的表现来回报你的赏识。我们应该友善地对待每一个孩子，尝试着去宽恕他们的失误，去了解他们的努力，保护孩子的自尊心和自信心。因为赏识和关爱是孩子进步的驱动力。

当然，"赏识"不能简单地等同于"赞扬"或"奖励"，赏识的更大作用应该是针对孩子做事的过程、努力的过程，目的是让孩子有信心坚持下去。尤其孩子犯错或失败的时候更需要赏识。如果这时不注重赏识孩子，他们可能得到的不仅是失败，而且还有失败留给他们的沮丧心情，这比失败本身更可怕，也许一辈子也难重建信心了。

卡耐基曾说过："若须给他人纠错，就以赞扬的方式开始。用赞扬的方式开始，就好像牙医用麻醉剂一样，病人仍然会受钻牙之苦，但麻醉却能消除苦痛。"与惩罚式教育相比，赏识教育就是把外压式的强制教育转变为内调式的自我教育。正如著名教育家苏霍姆林斯基曾讲过的一样："对于孩子，只有当你说他好的时候，他才会好起来。"我们实施赏识教育时，首先就是承认人的潜力是巨大的，通过赏识可以更好地激发人的潜能，而惩罚则可能是压抑人的潜力的发挥。物理课本上讲：对同一部车子，我们可以在前面拉，也可以在后面推。不过，在前面拉要比在后面推省力一些，因为在推车子时，有一部分向下的力被分掉了。我们可以把这个原理借用到教育上来，赏识就好比拉力，而惩罚则是一种推力，赏识就是最好、最强大的驱动力。

当然，赏识教育是最好的教育，还要有一个基础就是要"执行好"，否则的话，也会因为流于形式而起不到实际效果，或者使用过度产生相反的效果。

具体来讲，运用赏识教育要注意以下几点：

1. 运用赏识教育，首先要正确选择道德行为

赏识应该是具体的道德行为，而不是一般的概括性行为，除了要有普遍性外，还要有针对性。父母任何的表扬都应让孩子感到是有理有据的，是孩子自己努力和能力的肯定，过与不及的表扬都有损动机作用。

2. 要正确认识赏识教育，做适度的赏识教育

赏识教育只是教育手段中的一种，在教育过程中应运用多种教育手段，让孩子们真正地认识自我。有些家长为了自己的一些面子总是拿赏识教育当"遮羞布"，当老师一说孩子的缺点和错误时就跟老师说赏识教育，让老师多夸自己的孩子，这是不可取的。这些家长没有想到，如果这些缺点和错误孩子不能及时改正，对其今后人格发展是一件多么危险的事情啊！教育孩子没有百用百灵的方法，父母要学会因材施教。要让孩子在受到赏识的同时，也要懂得失败也有利于成长。

3. 不要过度地赏识，这是运用赏识教育最重要的一点

有些家长经常提"要进行赏识教育"，包括要赏识孩子的缺点和错误。这样把孩子的缺点和错误进行美化对孩子的教育会起好的作用吗？答案是否定的。因为在高中以前孩子们是非的判断力还没有真正的形成，过度赏识会让他们混淆是非，分不清自己的缺点和优点，影响他们的心理成长。

赏识是一种理解，更是一种激励。赏识教育，是在承认差异、尊重差异的基础上产生的一种良好的教育方法；是帮助孩子获得自我价值感、发展自尊、自信的动力基础；是让孩子积极向上、走向成功的有效途径。只要我们能够真正理解孩子、尊重孩子、赏识孩子，那么，孩子心灵的苗圃就会阳光明媚，春色满园，孩子个性的幼苗就会一派生机，茁壮成长！

（二）赏识孩子从"相信"孩子开始

家长需要信任孩子，尤其是对他或她所负责任的具体孩子的潜力和善良要充满信任。因为只有充分地相信孩子，才是对孩子的本质意义上的赏识。

有一位教育家说过，每一个不负责任的孩子背后，都有太负责任的家长。家长出于各种担忧，负起了孩子本应担负的责任，那么孩子就乐得清闲。例如，如果父母总是催促孩子去学习，孩子可能会觉得你不信任他，怀疑他的能力和自觉性，怀疑他处理不好自己的事情。既然不信任他，他就自暴自弃了，故意做事拖拉、失败，甚至真的开始对自己失去信心了。也许正是因为这样的原因，教育专家认为，教育孩子的基础就是要相信自己的孩子——这是家庭教育要解决的根本问题。所以，家长们请相信你的孩子，应该把一些原本属于孩子的责任还给他。相信自己的孩子，让孩子自己去做。

一个周五的晚上，李栋放学回到家一推开门，就对妈妈说："妈妈，我明天约好要和同学一起去打篮球，可以吗？"

李栋的妈妈正在做饭，一听孩子的要求，当时没有答复，巧妙地将话题岔开了，李栋也没有在意。

接下来的时间，李栋的妈妈想了很久，答应不答应呢？不答应吧，首先，孩子已和同学约好，不去就会使他失去诚信。其次，孩子出去锻炼锻炼，也是好事。可答应吧，前两天老师刚开完家长会说班里的很多男生迷恋篮球，有的因为打球连作业都不写了。再说，这么小的孩子，立场不坚定，万一被那些男生带坏，怎么办？还有，李栋下周就要月考了，这两天应该好好在家复习呀，这一打篮球就差不多要耽误一天呢！

这么多顾虑，让李栋的妈妈非常为难。但是想来想去，权衡了利弊之后，李栋的妈妈还是决定让李栋去打篮球。不过，李栋的妈妈也提出了条件："出去打篮球可以，但是一定要注意时间，12 点之前回来，我们等你吃饭。"

听了妈妈的话，李栋非常高兴。

第二天早上，李栋一早起来就收拾好了打篮球的东西。出门的时候，李栋的妈妈提醒李栋说："李栋，你要记住我们的约定，12 点之前必须回来，我们等你吃饭。我相信你一定会按时回家的，对吗？"

"妈妈，你就放心吧！你愿意让我出去玩，我也一定会听你的吩咐，按时回家的。"李栋信誓旦旦地说。

一上午很快就过去了，当时针指向11点40分的时候，李栋还没回来。李栋的外公提醒李栋妈妈说："给李栋打个电话吧，提醒他早点回家。"李栋的妈妈拒绝了外公的建议，她相信李栋一定会按时回来的："不用打，我相信他，很快就会回来的。"

时间在一分一秒地过去，11点55分，防盗门发出熟悉的响动，李栋红扑扑的小脸儿终于出现在门口。

李栋的妈妈非常激动，她感动于儿子的守信，感动于儿子的可爱。

经过这件事后，李栋的妈妈忽然发现：其实教育孩子首先要把孩子当成自己的朋友，不能把他当成小孩子，老是不信任他，而是要相信他，相信他就是尊重他，他也会用"信任"来回报父母的。

在这种教育理念的支持下，李栋的妈妈和李栋的关系非常好，从来没发生过什么分歧。

记得苏霍姆林斯基在《要相信孩子》一书中说："儿童的心灵需要极大的关注和爱护。"其实回头仔细想想，我们每个人不都渴望别人的关爱吗？作为一个社会的人，作为孩子，理应获得我们每个人的关注和爱护。所以在我们的教育中，就应坚持以"爱"为教育的出发点。在整个教育过程中，应把爱放在重要地位。这样，在孩子出现问题以后，才能采取正确的教育方法。

许多家长会说，当孩子屡屡犯错时，"恨铁不成钢"、"一时难以控制"……于是就会发生许多我们不想看到的事：体罚、误伤……但是赏识教育，首先就是要会爱孩子，要把"爱"作为教育的出发点，这样才能尊重孩子，继而相信孩子，不对孩子疑神疑鬼。

一个人在高山之巅的鹰巢里抓到了一只幼鹰，他把幼鹰带回家，养在鸡笼里。这只幼鹰和鸡一起啄食、嬉闹和休息。它以为自己是一只鸡。这只幼鹰渐渐长大，羽翼丰满了，主人想把它训练成猎鹰，可是由于终日和鸡混在一起，它已经变得和鸡完全一样，根本没有飞的愿望了。主人试了各种办法，都毫无效果，最后把幼鹰带到山顶上，一把将它扔了出去。这只鹰像块石头似的，直掉下去，慌乱之中它拼命地扑打翅膀，就这样，它终于飞了起来！

这个故事能给我们很多启示。作为父母，我们在教育孩子的时候，要对我们的孩子充满信心，要相信你的孩子是一只"鹰"，而不要悲观地认为你的孩子就是一只"鸡"。

所以，为了孩子，让我们首先学会尊重孩子、相信孩子，给孩子更多的时间和空间，让他们自己去放飞童年、放飞身心、放飞自由、放飞激情！

渴求他人的信任是一种积极的心态，是每个正常人的普遍心理，也是一个人奋发进取、积极向上、实现自我价值的内驱力。信任的心理机制对孩子良好心理品质的形成，具有积极的鼓励作用。所以作为父母，一定要相信自己的孩子。不仅如此，还要把对孩子的信任表达出来，告诉他："孩子，我相信你，你是最棒的！"

你的孩子是天才吗？你的学生是天才吗？绝大多数的家长和教师否定的眼神无形中扼杀了孩子的未来。这是多么残忍的事情！因此，请相信你的孩子——他是天才！

不错，你的孩子就是天才。你要有这样的信心！

你会问，那不人人都是天才了？是啊，人人都是天才有什么不好？到时候再分嘛，一星级天才，二星级天才，三星级天才，四星级天才，五星级天才，巨星天才，国际天才，国际巨星级天才……是呀，名头是有点乱，但是，全国性的水准提高了！就像当初大学生值钱，现在大学生多，北大清华在培养大学生，民办大学在培养大学生，企业大学也在培养大学生。再说了，即使你的孩子没有成天才，你把他当作天才来相信，来培养，至少会成一个聪明人，不至于堕落成蠢材。所谓取法其上，得乎其中，取法其中，得乎其下……说的正是这个意思。

这样的说法，听上去有点调侃的性质，事实上这也是有科学依据的。在教育学中有一条很重要的原则：学生的信心来自老师的信心。这也就是说，作为孩子早期的教育者，父母的信心对孩子自信心的树立更是有着至关重要的作用。

我们先来看这样一个故事：

皮格马利翁是古希腊神话里的塞浦路斯国王，他爱上了自己雕塑的一个少女像，并且真诚地期望自己的爱能被接受，这种真挚的爱情和真切的期望感动了爱神阿芙狄罗忒，就给了雕像以生命。

虽然这只是一个神话传说，但是，在现实生活中，由于期望而使"雕像"变成"美少女"的例子也屡见不鲜。

美国心理学家曾做过这样一个实验：研究人员提供给一个学校一些学生名单，并告诉校方，他们通过一项测试发现，该校有几名天才学生，只不过尚未在学习中表现出来。其实，这是从学生的名单中随意抽取出来的几个人。然而，有趣的是，在学年末的测试中，这些学生的学习成绩的确比其他学生高出很多。

这一现象就是教育史上著名的"皮格马利翁效应"。为什么会出现这样的现象？研究者认为，这就是由于教师期望的影响。由于教师认为这个学生是天才，因而寄予他更大的期望，在上课时给予他更多的关注，通过各种方式向他传达"你很优秀"的信息，学生感受到教师的关注，因而产生一种激励作用，学习时加倍努力，因而取得了好成绩。

相反，专家对少年犯罪儿童的研究表明，许多孩子成为少年犯的原因之一，就在于不良期望的影响。这些孩子因为在小时候偶尔犯过的错误而被贴上了"不良少年"的标签，这种消极的期望引导着孩子们，使他们也越来越相信自己就是"不良少年"，最终走向犯罪的深渊。

从心理学角度来看，积极的期望促使人们向好的方向发展，消极的期望则使人向坏的方向发展，人们通常这样形象地说明皮格马利翁效应："说你行，你就行；说你不行，你就不行"。要想使一个人发展更好，就应该给他传递积极的期望。

　　管仲在做齐国的宰相以前曾经负责押送过犯人，但是，与别的押解官不同的是，管仲并没有亲自押送犯人，而是让他们按自己的喜好安排行程，只要在预定日期赶到就可以了。犯人们感到这是管仲对他们的信任与尊重，因此，没有一个人中途逃走，全部如期赶到了预定地点。由此可见，积极期望对人的行为的影响有多大！

　　其实，对孩子的教育也是这样，只要你肯相信他，他就会给你惊喜！但可惜的是，由于"望子成龙，望女成凤"的浮躁心态作祟，很多父母往往不是不相信自己孩子的能力，就是喜欢拿自己子女的缺点和别人家的孩子的优点作对比，总认为自己的孩子不行，总认为自己的孩子笨、自己的孩子差。而且，常常得出"自己的孩子不如别人的孩子"的悖论。殊不知，这种做法是极不正确的。

　　教育专家说过："生命之海是不可比的，你要深信你的孩子是最好的。抱着一颗阳光之心，保持阳光的心态，才能培养出一个具有阳光性格与阳光心灵的孩子。因此，即使他没有超人的本领和特长，只要他学会了用灿烂的微笑迎接生活，用乐观积极的心情去对待未来，他照样能活出一片天地来。"是啊，家长因为有了阳光心态对待孩子，使自己的孩子因此有了自信，有了温暖，有了动力，从最初的"平庸"走向辉煌的不在少数。

　　1975年母亲节时，在哈佛大学就读的比尔·盖茨给母亲寄了一张贺卡，他在卡上写道："你总在我干的事情里寻找值得赞扬的地方，我怀念和你在一起的时光。"当人们问起这段话的意思时，比尔·盖茨自豪地说："我一切的成功都源于我母亲对我的信任。"

　　正是因为比尔·盖茨有了这样一位善于欣赏、赞扬儿子的母亲，才成就了一位伟大的天才电脑专家，比尔·盖茨是幸福的。

　　在现实生活中，在大人眼里永远长不大的孩子，其实他也会长大。那就要看，作为父母的是不是给孩子一个自由空间，让他飞翔。因此，为人父母，千万不要对自己的孩子泄气，一定要对他有一百分的自信，他会用卓越的成功来回报你的。因为你只要相信他，他就会成为你眼里的天才！

一位家庭教育专家曾指出，教育的奥秘在于坚信孩子"行"。每个孩子心灵深处最强烈的需求和成人一样，就是渴望受到赏识和肯定。父母要自始至终给孩子前进的信心和力量，哪怕是一次不经意的表扬，一个小小的鼓励，都会让孩子激动好长时间。

（三）赏识孩子从"尊重"孩子开始

赏识孩子，首先就要尊重孩子的意见。在现实生活中，有些家长们往往把自己的意愿强加于孩子身上，甚至强迫孩子改变他们的想法，而且对于孩子的意见从来不给予理会和重视，这样对于孩子的影响是很大的。要知道，孩子也是家庭中的一员，当遇到事情尤其是和孩子有关系的事情的时候，父母应该主动征求孩子的意见，并尽量尊重孩子的意见。家长不要总以孩子太小，以什么都不懂为借口而不去理会孩子的意见，或者认为孩子根本没有思考问题的能力，即使跟他们商量也没有用。有些事情家长完全可以让孩子参与进来，尊重孩子的意见，这是对孩子的一种赏识和尊重。

家长们应该意识到，孩子和家长在家庭中的地位是平等的。有时候，孩子的意见也非常重要，甚至能对整个事情产生重大影响。

陈先生和妻子准备买一套新房子，他们挑来挑去，觉得有两个楼盘比较中意。但这时候，夫妻两人的意见却出现了不一致。

一天，夫妻俩又因为房子的事情争执起来。这时候，陈先生的女儿，上小学六年级的丽丽终于忍不住了，大声对爸爸妈妈说："你们要买房子怎么从来都没有征求过我的意见呢？"

两个人立刻停止了争吵，奇怪地看着丽丽，半天没说出话来。

"你能有什么意见，小孩子懂什么啊？"陈先生首先从惊讶中醒过神来。

"就是，买房子是大人的事，你管这么多干什么？"妈妈接着说。

"买房子是全家人的事，我也是家里的一员，为什么不关我的事呢？"丽丽生气地问。

"可是你懂房子吗？小孩子好好学习就可以了，别管这么多闲事！"爸爸朝丽丽一摆手，很不耐烦地说。

"谁说我不懂，我知道爸爸要买新时代花园，我还知道，那里的房子根本不能买。"

"为什么不能买，你知道什么啊？"陈先生吃惊地问。

"新时代花园的旁边有一片空地对吧？那里马上就要建化工厂了，爸爸想以后天天都闻化工厂的怪味吗？"

"什么，化工厂，我怎么不知道，你听谁说的啊？"陈先生非常疑惑地问丽丽。

"我同学的爸爸是化工厂的厂长。那天我和他说你们想买新时代花园的房子，他说不能买，他爸爸告诉我化工厂马上就要搬过去，他还说化工厂的气味能熏死人呢！"

"真的吗？要真是那样，这房子就真不能买了。"陈先生自言自语地说。

后来，陈先生打听了一下，丽丽说的消息确实是真的。于是他在另一个楼盘买了一套房子，一家人乔迁新居，生活得非常幸福。

孩子接触了这个世界以后，就开始思考这个世界，并逐渐形成自己的想法和观点。孩子的世界观和大人的世界观是不同的，孩子们的思维能力有时候是很让人惊讶的。而他们有了自己独立思考的意识，这是非常难得的，家长们不要去抹杀孩子的这种独立的思考能力。当孩子表达出了自己的观点和想法之后，家长首先应该赏识孩子这种能够提出自己的想法的行为，然后就要尊重孩子的想法，对于他们的想法要认真的考虑，不要敷衍了事。这样不仅可以进一步锻炼孩子的思考意识和表达能力，而且可以比较容易地了解孩子的思想。发现了他们的优点要加以发扬；若能发现孩子的错误，就可以及时地加以改正。

孩子的人生观和世界观虽然都还很肤浅，但是家长也不要压制孩子的想法，毕竟这是孩子们对于外部世界的认识，是很宝贵的。所以，家长不要用大人的思考方式来要求孩子，要允许孩子把自己的观点表达出来，这对于孩子来说是一个很好的锻炼机会。

赏识孩子，还要尊重孩子的理想和选择，要知道孩子的真正需要。在培养孩子的兴趣方面，要尽量征求孩子的意见，即使孩子的理想与家长的理想不一致，也不要作风强硬地按自己的想法来行事。而要把事情讲清楚，适当地引导，并让孩子自己做出选择。

孩子在与外界接触加深以后，由于他们的某种心理，往往会有一些"幻想"，其实，这就是孩子的理想，有些可能是不切合实际的。但是，家长们不要嘲笑孩子，应该给予赏识和支持，然后提出对孩子能实现他的目标有用的要求，而孩子受到了他们的目标的鼓励，往往会按照家长的要求去做，时间长了就会形成好的行为习惯。

赏识孩子，就一定要尊重孩子。当孩子想要向家长表达他们的想法的时候，家长应该鼓励他们把自己的心里话讲出来，还要有足够的耐心把孩子的话听完，不要不耐烦地随随便便了事，而应该认认真真地和孩子一起讨论。不然孩子是很敏感的，这样对于他们的内心精神世界的培养是十分不利的。

（四）不要吝啬你的"赞美"

有个激进的教育家说过，有时候我们对待孩子，要"昧着良心说好话"。初听这句话，觉得有些偏激，细想想，如果出于爱，出于从心底里的赏识，有意识地夸赞一个孩子，夸到他"灿烂发光"，有时真的能奏奇效。即使是"昧着良心"的夸奖也是如此。正如有一句古话说的一样："数子十过，不如赞子一长！"所以，作为家长，要学会夸奖自己的孩子，有时候甚至需要"虚伪"地夸奖他几句。

然而，并不是所有家长都能意识到这一点。许多父母对孩子期望很高，却又很吝啬赞美自己的孩子。他们常常摆出一副长者的面孔责备孩子，以为这样才是教育，忽视了"赞美"所带来的"奇妙"的教育效果。

据气象台的天气预报，最近将有台风袭击一座海滨小城。

小城里的百姓惊慌起来，积极地投入到预防工作中。一位母亲忙碌着，旁边站着她的小女儿。

"这该死的台风……"母亲一边收拾东西，一边诅咒。

"我喜欢台风！"旁边的小女孩不同意母亲的说法。

母亲感到很诧异，因为台风破坏力极强，毁坏庄稼、吹倒房屋、阻塞交通，给人们生活带来巨大的不便并造成巨大损失，可眼前这个小不点儿居然说她喜欢台风。

"孩子！告诉妈妈，你为什么喜欢台风？"母亲小心翼翼地问。

"上次台风来了，就停了电。"小女孩不假思索地回答。

"停了电又怎么样？台风弄得很多家庭家破人亡，何止停电。可你为什么会说你喜欢台风呢？"

"停了电，晚上就会点蜡烛。"小女孩一脸幸福。

"你喜欢点蜡烛？所以你喜欢台风？"母亲有点被女儿搞晕了。

"是的，那回（指上次台风吹过的晚上）我点着蜡烛走来走去，你说我像小天使。"小女孩还是一脸幸福。

母亲顿时无言，旋即放下手中的活计，抱起小女孩，亲吻，看着她的小脸蛋，凑近她的小耳朵并说了一句话："孩子，你永远是天使！"

赞美是暗室中的一支蜡烛！故事里的母亲也许只是随便的一句赞美，但却在女孩的心里留下了如此深刻的印象。这就是孩子的思维，他们随时随地都需要赞美，他们也时时刻刻都会把你的赞美铭刻心间，并因此振作起成功的翅膀！

罗杰·罗尔斯上小学的时候非常调皮。当时，皮尔·保罗先生是罗尔斯所在学校的校长。

罗尔斯旷课、斗殴，甚至砸学校的黑板，做了很多坏事。这一切，皮尔·保罗校长全都看在眼里，但是他从来没批评过他。

这天，罗尔斯又和一些孩子在一起胡闹。他们在学校的操场上胡闹的时候，被皮尔·保罗校长逮了个正着。

但是皮尔·保罗还是没有批评罗尔斯，他只是对罗尔斯说："我从第一眼见到你的时候，就认定你将来会成为纽约州的州长。"

罗尔斯没有想到保罗校长能说这样的话，怎么会呢？这也太出乎他的意料了。他说："校长先生，您在开玩笑吧？"

"没有，你肯定会的，只要你付出哪怕是一点点努力。"保罗校长坚定地回答。

罗尔斯不管怎样还是记住了校长的这句话。从那以后，罗尔斯改掉了往日的顽皮，开始好好学习。纽约州州长就像一面旗帜，深深地印在了小罗尔斯的心中。罗尔斯从此一直按州长的身份来要求自己。

终于，51岁那年，罗尔斯成为了纽约州的州长。

罗杰·罗尔斯的成功难道就是因为校长那一句激励他的话？这样的说法难免武断，但是我们必须承认，校长那一席激励和赞美他的话给了他巨大的力量和自信！这是因为，适宜的赞美能产生多方面的教育效果。这是很多父母所始料不及的，正如上面故事中的小女孩的妈妈。从孩子成长的角度来讲，适当地、及时地赞美对孩子的成长是有非常大的好处的。

具体来讲，适当及时的赞美至少有以下几大好处：

首先，可以增强孩子对父母的信任感。

经常奚落或责备孩子的父母很难赢得孩子的信任。父母对孩子的言行做出正确的评价，并经常予以赞美，家庭里会产生一种新的气氛，有助于父母与孩子之间建立积极的关系，使彼此之间更接近，并产生信任感，孩子的积极性也会提高。因此在某种程度上，你对孩子的赞美，说明了你对他的尊重与爱护，这会让孩子受宠若惊的！

其次，有利于培养儿童良好的行为习惯和道德品质。

儿童道德品质形成的最初阶段，是非观念模糊、自制力差，因此成人的引导、奖励与赞美至关重要。赞美儿童，能激发他正确的外在动机，产生好的行为，并能强化儿童所完成的这一行为，以后当他碰到类似事情时，便知道该怎么去做，并逐步形成良好的行为习惯和心理定势。

最后，能给孩子他所需要的价值感、信任感和自信心。

成人对儿童小小的成功表示赞美，可以强化儿童获得成功的情绪体验，满足其成就欲，并能使孩子自我感觉良好，激发他继续尝试的兴趣和探索的热情，使其努力维持这种赞美或希望再度获此"殊荣"。

因此，作为家长，理应善于捕捉孩子在日常生活中的"闪光点"，并及时加以适当的表扬，那比任何的打骂会有更好的教育效果。倘若孩子真的犯了错误，那也应满怀关爱地对孩子加以正面教导，使孩子自己认识到错误所在，如此，孩子对家长更易产生信任感，二者关系将更为融洽，也更利于孩子在人文的环境中健康成长。

现在，很多父母更多的是注意怎样满足孩子的物质需求，给予孩子许多身体上的照顾，却很少注意他们自尊的需要。一句由衷的赞美能给孩子带来无穷的信心与快乐。内心世界的满足和愉悦是所有孩子无形生命的需求，是一种高级需求。家长应该注意到这一点。

人人都有值得赏识的地方，我们不仅要在心里去赏识孩子，还应该把它说出来。无论什么人，受激励而改过，是很容易的；受责骂而改过，是不大容易的。小孩子尤其喜欢听好话，而不喜欢听恶言。如果家长总是用消极的办法来对待孩子，其结果：小孩子改过的少，而怨恨父母的多，即使不怨恨父母，至少也会有一点不喜欢父母了。

许多父母不愿把表扬或赞美带给孩子，他们以为，只有"严厉"才会对孩子起作用。他们甚至对孩子进行责骂或训斥，把严厉与鼓励或赞美截然对立起来。但孩子是多么希望父母的鼓励和表扬啊！他们多希望自己成为一个称职的家庭成员，他们需要父母的鼓励来树立自己的信心和勇气。

孩子对自己的认识和评价大多是依据他人对自己的评价而得来的，因为他们幼小的心灵还无力形成对自己稳定的评价。因此，外界的批评或表扬，会在很大程度上影响孩子的情绪和行为。如果，现在你还没有认识到赏识对孩子的重要性，你不妨把赏识当成满足孩子衣食住行需要的义务，孩子也和你一样，他最迫切的需要是来自你的赞美。

有一个故事是这样的：

有一位妈妈在厨房洗碗，听到孩子在后院蹦蹦跳跳玩耍的声音，便对他喊："你在干吗？"孩子回答："我要跳到月球上去。"这位妈妈没有泼冷水，没有任何的批评，而是微笑地对孩子说："好，不要忘记回来喔！"这个孩子后来成为人类第一位登上月球的人，他就是阿姆斯特朗。

这就是表扬和鼓励的力量。爱默生说："有很多天资很好，很有希望成功的人，只因为没有得到及时有力的鼓励，最后走向彻底的失败。"这句话值得我们深思。当然，并不是所有的孩子都能成为登上月球的阿姆斯特朗。但是即使最普通的孩子，他也需要赞美和表扬。要记住，得到赞美和表扬的他同样也能用"优秀"来回报你。

有一孩子，性情活泼，整天快快乐乐，做事主动，学习成绩名列前茅，非常讨人喜欢。很多做父母的都希望自己的孩子能这样，于是纷纷到该孩子的父母那里去取"教子经"——"你到底是怎么样把孩子教育成这样子的？"

"赞美你的孩子！"很多人都没想到这位父亲的回答如此简单。但是，这位父亲的教子经验就是这样的。只要他发现孩子有哪方面做得好，就会恰当地给予赞美，他用赞美的方式肯定孩子的进步和良好的行为，所以孩子很信服和配合他，并且在生活学习中更加自觉、更加努力。

每个人都喜欢别人的赞美，对于孩子更是如此。当你对孩子说一句恰如其分的赞美话时，孩子就会以一种振奋的心情迎合你。因此，我们应该多赞美孩子的优点和长处。那么，做家长的应该如何赞美孩子，赞美孩子什么呢？相关心理专家认为，赞美孩子是必要的，但是要知道如何赞美孩子。

1. 要坚持原则

由于溺爱，有些父母无原则地对孩子的种种行为加以赞美，养成孩子是非不清、骄横跋扈的坏习惯。孩子按大人的要求去做了，并做得很好，就应该及时赞美，做了不对的事情，即使孩子哭闹，耍赖皮也千万不要迁就他、说好话。否则，赞美就会失去原有的积极意义。

2. 要掌握分寸

孩子经过努力做出了成绩，或者他做完了他理所应当做的事情，他都应该得到赞美。但在日常生活中，注意不要重复赞美某件事情。当孩子养成良好的习惯后，就可以适当减少对孩子这一方面的赞美。赞美孩子并给以适当的奖励或是亲吻或是搂抱，都会给孩子以奇妙的力量。

3. 要就事论事

不要直接赞美孩子整个人，而应该赞美孩子的具体行为，也不要夸大其词，使孩子沾沾自喜，自以为了不起。如：孩子对七巧板十分感兴趣，常常拼出一些新颖的图案——"这孩子真聪明"。这种赞美就显然不恰当，而应当就事论事，可以这样说："这个图案真不错。"否则，言过其实的赞美会给孩子播下虚荣的种子。

孩子年幼，刚刚迈出生活的第一步，他们往往是常败将军。然而，人们对失败的态度多半会批评，如果把这种方式用在孩子身上就不太适合了。因为孩子这时的失败，正是他从幼稚到成熟的必然过程。如果用批评打击了他的信心，那么，他很可能就此变得缩手缩脚，不敢再做成功的任何尝试。所以当孩子失败了，还应给予鼓励，对这次的失败表示可惜，但又强调相信他下次一定能做好。只有这样，孩子才能继续努力，敢向困难挑战，最后得到成功。

三、 抓住孩子智力发展的黄金时期

同等的教育条件、同样的学习环境，为什么有的孩子比较"聪明"，有的孩子则比较"迟钝"呢？尽管很难用一句话解释清楚，但有一点可以肯定：对孩子早期的智力开发与否是极其重要的原因之一。

科学研究表明，人的智力潜能是巨大的。决定一个人智力潜能的生理基础是人脑细胞。人脑细胞由神经细胞（神经元）和胶质细胞构成。正常人的神经细胞一般有 1000 亿个神经元，另有 9000 亿个胶质细胞，神经元与神经元之间相互联结，构成了复杂的神经通道，用以传导信息。一个神经元与另一神经元彼此接触的部位，叫做突触。大脑皮层每个神经细胞约有 30000 个突触。美国芝加哥大学神经学家赫里克计算，由 100 万个皮层细胞两两组合，就可得到 102783000 种组合，由此构成纵横交错千变万化的组织回路，也就形成了极其复杂的神经网络。人脑具有记忆、思维和发明创造等复杂神奇的功能，这些都是通过神经网络来完成的。

现代研究发现，人类大脑两半球的机能并不等同，各有各的机能优势，叫做大脑两半球的一侧优势。左半球主要负责言语功能，主管言语、阅读、书写、数学运算和逻辑推理等，而音乐、艺术、情绪和空间知觉的辨别系统则由右半球负责。过去人们对大脑两半球机能不对称性认识不足，教学训练的内容大多有利于左半球功能的发展，一定程度上忽视了右半球机能的重要性，所以开发大脑右半球十分重要，它是开发人脑潜能的一个重要内容。

人的大脑及其机能是高度发展、高度分化和极其复杂的，它为人的复杂的心理活动提供了物质基础，同时它也蕴藏着巨大的潜力。人脑像一台扫描仪和储存器，可以对外界事物进行直观扫描，然后将信息储存起来。

资料显示，人类通过直观接受的信息量为每秒 1400 亿比特。以电视机显像管的映像理论为例：在显像管上，纵向排列着 400 多条、横向排列着 500 多条扫描线。这些纵横交叉的扫描线形成了若干极其微小的扫描点。如果我们把在显像过程中每个扫描点的显示过程，作为 1 比特单位的话，一个显像管的基本信息量为 $400 \times 500 = 200000$ 比特。而人 1 秒钟的直观信息量相当于 70 万支显像管信息的总和。可见，人脑的信息容量是多么巨大。有人曾经做过比较，认为一个大脑的网络系统比欧美地区的全部电话、电报通信网络还要复杂。

可惜的是，人的大脑潜能挖掘得非常少，最多也用了不到 10%，而其中绝大部分的潜能则被埋没和浪费掉了。

因此，希望自己孩子聪明的家长，首先要善于发现孩子的潜能。发现才是开发孩子智慧潜能的重要一步。那么，孩子天生有哪些潜在能力呢?

（一）及早发现孩子的智力潜能

科学研究表明：假定成人的智力水平为 100%，那么孩子从出生到 4 岁的智力就发展了 50%，而到了 8 岁便已经发展了智力水平的 83%～90%。也就是说，一个孩子是不是聪明的，在他 8 至 9 岁的时候，就基本上可以定局了。

虽然有不少家长对孩子进行过早期教育，但收效却不是那么明显。究其原因，主要是教育方法的问题，而没有抓住孩子智力开发期，是其重要的原因。

有专家认为，孩子心理发展的关键期是人类超常智能结构表现出明显特征的重要时期。世界上超过 85% 的超常儿童，在 7 至 8 岁之前就有了各方面的超常表现，整个智能水平已明显超出同龄人。而幼儿期则是人类各种智能与非智力心理素质综合发展的关键期，也是人类超常智力结构开始建构的时期，如果在这一时期得到科学、适时地开发，孩子的超常智能结构将获得最佳发展。

所以，掌握孩子的各种智能和非智力心理素质发展的关键期非常重要。我们可以在关键期，有针对性地对孩子进行及时的智力开发，能达到事半功倍的效果。一旦错过这些关键期，再想开发孩子的智能，其效果可能就差一些。

那么，哪些阶段是开发孩子各种智能和非智力心理素质的关键期呢？心理学家研究后得出如下结论：

2岁半左右是幼儿技术能力开始萌芽的关键期；

3岁左右是幼儿开始学习自我约束，建立规则意识的关键期；

3岁半左右是幼儿动手能力开始发展成熟的关键期；

3岁半左右是幼儿独立性开始建立的关键期；

3岁半左右是幼儿注意力发展的关键期；

3至5岁是幼儿音乐能力开始萌芽的关键期；

3至4岁是幼儿初级观察能力开始形成的关键期；

4岁左右是幼儿开始学习外语的关键期（6至8岁是学习外语书面语言的关键期）；

4岁半左右是幼儿开始对知识学习产生直接兴趣的关键期；

5岁左右是幼儿学习与生活观念开始形成的关键期；

5岁左右是幼儿掌握数的概念，进行抽象运算以及综合数学能力开始形成的关键期；

5岁半左右是幼儿抽象逻辑思维开始萌芽的关键期；

5岁半左右是幼儿掌握语法，理解抽象词汇以及综合语言能力开始形成的关键期；

5岁半左右是幼儿悟性开始萌芽的关键期；

5 岁半左右是幼儿学习心态、学习习惯以及学习成功感开始产生的关键期；

6 岁左右是幼儿社会组织能力开始形成的关键期；

6 岁左右是幼儿创造性开始成熟的关键期；

6 岁左右是幼儿观察能力开始成熟的关键期；

6 岁左右是幼儿超常能力结构开始建构，并快速发展的关键期；

7 岁左右是幼儿多向思维开始形成的关键期；

7 岁左右是幼儿操作能力开始形成的关键期；

8 岁左右是幼儿自学能力开始形成的关键期；

8 岁左右是幼儿自我控制与坚持性开始成熟的关键期；

8 岁左右是幼儿阅读能力和综合知识学习能力开始形成的关键期；

8 岁左右是幼儿欣赏艺术和美感心态形成萌芽的关键期；

9 岁左右是儿童初级哲学思维产生的关键期。

家长在抓住孩子各种智能和非智力心理素质发展的关键期时，还应注意以下 3 点：

1. 把握孩子的认知特点

把握孩子的认知特点是进行智力开发的前提。学龄前的孩子，思维特点是直觉行动思维向具体形象思维发展，最终出现抽象思维的萌芽，其中形象思维占主导。因此，在促进孩子智力发展过程中，就应为孩子提供动手的机会，提供能让孩子感知的直观形象的东西，逐步构建其系统的非学科的形象的知识体系，达到提高智力水平的目的。要知道，孩子记忆数量的多少、难易只是衡量孩子智力发展的一个侧面，在智力培养的过程中，应更多考虑孩子的思维水平和方式以及他的观察力是否敏锐、迅速，想象力是否丰富，注意力是否集中，语言表达能力是否有进展，对外界事物是否感兴趣，是否有提不完的问题等等。

2. 促进孩子全面发展

孩子智力的发展并不是我们追求的唯一目的，在孩子成长过程中，体、智、德、美全面发展才能成为一个人格健全的人；同时智力发展与其他方面是相互制约、相互促进的。如果一个人智商很高，却没有坚强的意志力，没有坚忍不拔的精神，缺乏良好的自信心和精神状态，不能与人正常交往，甚至连一副好身体都没有，那他将注定难以成为一个成功的人。

3. 家庭和学校齐抓共管

如今的孩子，很早就被父母送到托儿所、幼儿园去接受规范教育，但这并不意味着家长可以放手不管。要知道，家庭和学校的配合，是孩子智力发展的有力保证。孩子形成的认知能力，需要有一个不断巩固、练习的过程，这种巩固、练习不是机械的，需要多种丰富有趣的形式作为媒介。因此，家长要配合学校，学校也要指导家长通过日常生活、游戏、讲故事、看读物、动手操作、提问等多种形式来发展孩子的智力。

孩子的智力就像一扇未开启的大门，只要我们掌握好孩子成长的关键期，采取合适的教育方式，就能找到开启大门的钥匙，一个好孩子就一定能培养出来。

（二）训练五感，刺激大脑发育

研究表明，孩子大脑的发育和成长，是外界刺激的结果。孩子在出生前，其脑细胞分裂增生以及大脑皮层的结构形式已基本完成。孩子刚出生时，其生理活动仅为条件反射。而出生以后，来自视觉、听觉、触觉、言语、形状、颜色、声音等方面的刺激，更强烈地促使条件反射的形成。这些反射促使脑细胞伸出无数的突起，其中树突是接受信息的，轴突是传导信息的。两岁后，细胞突起由少到多，由短到长。由于脑细胞在数量上、长度上都在增加，每一个脑细胞以其突起与数以千计的神经细胞发生联系，侧枝越繁，建立的突触联系就越广泛、越丰富，脑细胞的衔接就越紧密，形成的联络网也就越广泛、越庞大，这样就逐渐地产生了思维、创造等高级精神活动。而这些高级精神活动又可反过来促进脑细胞间网络更广泛地形成。婴儿便是利用自己的感觉器官和运动器官不断地看、听、说，不断地探索、模仿，每时每刻都接受着各种新奇的刺激，使得神经细胞突起又不断地繁生延展分枝。信息源源不断地进入大脑，即刻印在脑中，使脑细胞形成致密复杂的网络，改变脑的微观结构并提高整个大脑的功能，为婴儿的智能、潜能的开发奠定了基础。

婴儿时期的一切能力，如果在掌握孩子脑能规律的情况下加以开发和利用，就会得到迅速发展。因此，家长可以从训练孩子的五官入手，刺激大脑发育，从而增强孩子的智力。

在训练孩子的五官时，要充分调动和训练感觉器官，让纷繁的感受刺激脑细胞的生长发育，促进脑细胞的树突和轴突的繁茂生长。如，让孩子多看各种物体的颜色、形状、大小。用嗅觉去闻各种气味，刺激嗅觉细胞发育；用舌头品尝各种味道，刺激味觉细胞发育等等。通过触觉、温觉、冷觉及质地的软硬来促进感觉中枢神经细胞的发育。

尽量引导孩子做各种运动，多使用左眼、左耳、左手、左脚，发挥其功能，促进右脑的发育。要有意识地激发婴儿早用手抓、握、捏、扔、接、拍及跑、跳等各种运动，尤其是要训练其手脚的精细动作，促进小脑发育和平衡。

训练孩子的五官，最重要的是改善和利用孩子潜意识中的视听能力。美国教育家格伦巴特博士曾指出："在潜意识中，去改善和利用好孩子的视觉能力和听觉能力，是激活孩子大脑潜能的前提和基础。"

眼睛是获取脑能的窗口，它能给大脑摄取多种多样的对象，并从中发现其本质的东西。因此，用"眼睛思考"即为脑能。换句话说，它是阅读本身给脑能产生带来的作用，或者称为脑能阅读。

用眼睛发现脑能，实际上就是希望孩子善于用眼睛摄取脑能产生的成分。眼睛是人类的奇迹之一，同时也是孕育脑能增智的开端。

科学研究表明：每只眼睛有 1.3 亿个光接收器。每个光接收器每秒至少可吸收 5 个光子，可区分 1000 多万种颜色。通过协调动作，超级光接收器可以在不到 1 秒的时间内，以超级图像精度对一幅含有 10 亿信息的景物进行解码。

人的瞳孔会根据光的强度和物体的远近来调整其大小。光越强、物体越近，瞳孔就越小。瞳孔的大小也会随着感情而变化，并且当迎面看见特别感兴趣的事物时，瞳孔就会自然增大。许多年以前，珠宝商就认识到了这一点：他们把珠宝拿出来给顾客看时，就特别注意地观察顾客的眼睛，当看到其瞳孔扩大之后，珠宝商就知道顾客"上了钩"，然后确定合适的价格。

同样，如果孩子对某些东西感兴趣，瞳孔就会扩大，以便让更多的光进入。换句话说，兴趣越大，瞳孔就会越大，以便让更多的光进入，使它本身在不费额外力气的情况下就可接收更多的信息。父母应该首先学会掌握这一信息。

孩子的视觉发达起来以后，接着就要培养婴幼儿的观察能力。可以尝试两个方法，一是通过丰富多彩的色彩来培养孩子的观察能力，比如在房间的四周挂上字画等；二是在房间里陈列一些著名雕刻的仿制品。可以让婴幼儿识别屋中的各种物品，如桌子、椅子等，并把这些物品的名称念给他听。

为了开发婴幼儿对色彩的感觉，可以买来五颜六色的小球和木片，以及穿着色彩鲜艳服装的布娃娃，经常用这些玩具跟孩子做游戏。这很重要，因为孩子若不从小就开始发展色彩感觉，那以后对色彩的感觉将会非常迟钝。

孩子学会了走路，就带他去散步，并让他注意天空的颜色、树林的颜色、花朵的颜色、原野的颜色、建筑物的颜色和人们服装的颜色等等。这都是为了发展他的色彩感觉。

孩子的听觉能力与视觉能力的作用是同等的。但如何训练耳朵，充分发挥好孩子的听觉能力呢？有关专家提出了他们的建议，其要点有：

有意识地培养孩子辨别声音的能力。

维护听觉健康，不让噪音伤害。

耐心聆听，让注意力集中起来。

多用感觉器官，除了用耳听外，还要用眼观察，用手摘录重点。

每聆听一个小时，小休几分钟，以便大脑巩固消化。

听觉、视觉、味觉、嗅觉、触觉，是人类感知外部世界的生理基础。充分刺激孩子的感觉器官，能够促使大脑的各部分积极活动。如果孩子大脑的各个功能区都能发挥最大效能，就会成为一个聪明伶俐的人。

（三）尽早向孩子灌输知识

根据儿童潜能的递减性法则，一个人在成长过程中具有智力发展的最佳时期，父母千万不可错过孩子的这个最佳期。因为它对孩子一生的智力发展起着决定性作用，要是可以把握好这个最佳期，对孩子早期的智力开发就会有很大帮助。3岁以前是幼儿语言发展的黄金时期，父母想要孩子尽早懂得语言，就必须要知道这一点。儿童越早学会语言越好，语言是人类与动物相区别的重要标志，语言既是进行思维的工具，也是接受知识的工具，没有这个工具孩子就不可能得到任何知识。

我们人类之所以优于其他动物，其主要原因就是使用了其他动物所不具备的语言。所以，为了让孩子更好地发挥其潜力，就必须及早进行语言教育。

许多父母挖空心思地给孩子吃好的、喝好的，特别关注孩子的身体发育，可是当我提出采取措施发展孩子的头脑时，他们却感到惊异，认为不可行。其实做父母的只要稍加留意就会发现，婴儿对人的声音和物品的响声非常敏感。这说明，早期开始教育孩子语言是可行的。那么早到什么时候呢？我主张从孩子半个月大的时候就开始灌输词汇，在孩子刚会辨别事物时就教他说话。

卡尔半个月大的时候，我在他的眼前伸出手指头，卡尔看见后就想要抓住它。起初他因为看不准总是抓不住。后来他费了很大的力气终于抓到了，他感到很高兴，就将我的手指放到他的嘴里吃起来。在这种情形下，我就用清晰又亲切的声音反复告诉他这是"手指"。

就这样，在卡尔刚刚有了辨别能力时，我就拿很多东西给他看，同时用和缓清晰的语调重复东西的名称。没多久，他就能清楚地说出这些东西的名称了。

只要卡尔醒着，我不是跟他说话，就是轻声给他唱歌。当他眼光停留在床上吊着的彩色纸花上时，我会不厌其烦地重复着："红纸花、黄纸花……"如果我在做事，我也会用亲切的语调对他说话，告诉他我正在干什么。

我认为，只要是做过父母的人都应该有这样的体验：当听到孩子开口说第一句话时，一定会感到无比的兴奋和喜悦。然而，据我所知，许多父母在这种激动之后并未对此作一番谨慎的思考。

孩子有能力开口说话，这证明孩子真正的学习已经开始，这时，给孩子什么样的信息便是最重要的事。

在教孩子语言的过程中，我总结了以下一些有益的经验，现在将它公布出来。

1. 发音纯正

刚开始学说话时，孩子的发音一定不会完全准确，这时，教孩子纯正地发音就是这一阶段的头等大事。否则，等孩子习惯于不准确或含糊不清的发音之后再想予以纠正就很难了。

2. 从周围的实物开始

我有这样的体会：学习外语单词，在读有趣的文章时记忆单词要比独立记忆单词有效。有一段时间，为了以后教孩子，我下决心要学好英语，于是就把韦伯斯特的袖珍小词典揣在怀里从头背下去，但却总是随记随忘，并没有多大效果。成人尚且如此，何况孩子呢？只是填鸭式的硬灌，非但达不到目的，反而有害。

由此可见，教孩子说话，可不是一件轻而易举的事情，非下狠功夫不可。在卡尔稍大一些，我和妻子就教他饭桌上的餐具和食物、身体的各个部位、衣服的各个部分、室内的器具和物品、房子的各处、院子里的花草树木等所有能引起他注意的实物名称。总之，看到什么教什么，当然，也教动词和形容词，逐渐丰富他的词汇。

3. 用讲故事的方法来加强孩子与世界的亲和力

当卡尔能够听懂话的时候，我跟妻子就每天给他讲故事。给幼儿讲故事是一项非常重要的教育，婴儿对这个世界很陌生，可以说是一无所知，所以越早让孩子了解这个世界越好。为了培养儿子对这个世界的亲和力，最好的做法当然是讲故事，而且讲故事还能够锻炼他的记忆力，启发想象和增长知识。父母在传授知识的时候只是一味死板地教，孩子是不容易记住的。最好是采用讲故事的形式来教孩子。这样的话，孩子不仅喜欢听，而且还容易牢牢记住。可以说，用讲故事的方法来教育孩子是最有效的教育方法之一。

4. 尽快丰富孩子的词汇

如何学习词汇？我的信条是：要想有清楚的头脑，首先必须有明确的词汇。为此，我不是只让儿子停留在孩子式的表现方法上，而是教他逐步了解和使用复杂的措辞，并且为求措辞生动准确，决不使用模糊不清的措辞。要想做到这一点，家庭里的成员一定要相互配合，不要一个在严格要求，一个却纵容孩子。为此，我和妻子默契配合，而且以身作则，在平时坚持力求发音标准，语言规范，精选恰当的词汇。

卡尔年纪还小，那些比较难的词汇解释了他也不一定能完全听明白。但是这样做的目的并不是让他立刻就明白或者记住，而是要用解释词汇这种行为本身来教会他学习的方法和态度。要是父母在教授知识的时候碰到难题就躲开，就会让孩子养成不求甚解的不良习惯。

5. 反对教孩子不完整的话和方言

有些父母教孩子"呱呱"（乳房）"丫丫"（脚）"汪汪"（狗）之类的词汇。

我对这种做法感到遗憾和气愤。因为这些语言对孩子语言的发展有害无益。诚然，孩子学不完整的话和方言会更容易一些，因此许多父母也就认为孩子的语言从这些半截子话学起并无大碍。但是我经过试验发现，孩子在两岁左右时，如能缓慢、清晰地教他说正式的语言，一般来说孩子都可以发出音来。雷马克曾说过：一件物品要是不去使用，那就很难去评价它的作用和价值了。同样的道理，父母要是不教给孩子他们本来完全可以掌握的东西，孩子们的天赋就得不到良好的发展，这是世界上最愚蠢的事情了。

父母要是只教幼儿说"丫丫"，或者"汪汪"等一些不完整的词汇，虽然孩子学起来会容易一些，但却同样会给他们形成负担。完整规范的语言在孩子学习语言的过程中是早晚要学的课程，那些不完整的语言是孩子们将来肯定要抛弃的东西。让他们学说两种不同模式的语言，这就必定给孩子造成了双重负担，这种教育方法是非常不理性的。孩子完全能够用那些学不完整语言的精力去学习一些别的知识，根本不需要把宝贵的时间浪费在这些无益的词汇上。所以父母一定要懂得教会孩子说完整的语言，避免浪费孩子们宝贵的时间。

（四）培养孩子的多种能力

1. 培养孩子的创造力

培养和开发孩子的创造力，是教育的目的之一。因为，人类有了创造力，才能不断开拓前进。然而，创造力在中国人身上却显得那样苍白。在一项"创造力发展调查"中，5000 份问卷中有三成的人认为自己"没有创造力"或"很没有创造力"。尤其是女性，认为自己没有创造力的比例高于男性很多。年龄超过 60 岁的受访者，认为自己"非常没有创造力"的比例更高得惊人。同时，也有三成的人，认为自己的爸爸没有创造力，有三成五的人，认为自己的妈妈没有创造力。

在一次由澳大利亚、新西兰、印度、中国、中国香港等 9 个国家和地区参加的"未来家庭娱乐产品概念设计大赛"中，中国共有 20 所学校 1300 多名选手参赛。然而，比赛结果却令人寒心，两个组的冠军、亚军、季军，中国孩子连边儿也没沾上，最后只获得一个带有鼓励性质的纪念奖。在其他参赛者闪耀着想象大胆、构思独特的作品面前，中国孩子的作品却显得那样苍白，缺乏独创性，这怎能不令人感到震惊！

创造力是一个孩子智力和能力的标志，是能否成才的重要因素之一。它是一种潜能，取决于后天的开发和培养。有的家长认为孩子聪明、智商高就一定会有所发明创造，其实不然。有的人智商很高，却没有任何创造性表现，终生平平庸庸。这是因为创造力的发挥除要求有正常的智力水平外，还必须具有良好的非智力因素，即兴趣、意志、性格、动作、情感等。

创造力在人类生活、学习和工作过程中起着重要作用，离开了创造力，人既不可能有什么预见，也不可能有什么发明和新的发现。要使孩子摆脱平庸无为，成为英才，就必须培养和提高孩子的创造力。

那么，如何培养和提高孩子的创造力呢？

（1）保护孩子的好奇心

孩子天生非常好奇好问。他们经常问大人一些问题："天上为什么会出现彩虹？""白天的月亮藏到哪里了？""我为什么长得像妈妈？"在生活中，孩子还经常充当小破坏分子的角色，他用力砸开收音机或玩具机器人，想看看那些会唱歌、说话的小人，这些都是出自孩子的好奇心。一个好奇心强烈的孩子，对于新奇事物总是主动去寻根问底，提出各种各样的问题，以发现事物的内在联系。

在爱迪生 3 岁时，他的父母经常发现他会静下来像大人一样思考，并学着大人用手指理自己的头发。

一次，爱迪生问父亲："为什么刮风？"

父亲回答："爱迪生，我不知道。"

爱迪生又问："你为什么不知道？"

父亲说："你问你母亲吧。"

爱迪生就只好去问母亲。幸好母亲给了他准确的答案。

爱迪生不但好奇爱问，而且什么事都想亲自试一试。有一次，到了吃饭的时候，母亲不见爱迪生回来，很焦急，便四下寻找，直到傍晚才在场院边的草棚里发现了爱迪生。

母亲见他一动不动地趴在放了好些鸡蛋的草堆里，就非常奇怪地问："你这是干什么？"

爱迪生不慌不忙地回答："我在孵小鸡呀！"

原来，他看到母鸡会孵小鸡，觉得很奇怪，想自己也试一试。

母亲一看大笑起来，告诉他，人是孵不出小鸡来的。

"为什么母鸡能孵小鸡，我就不能呢？"

母亲便把人不能孵小鸡的原因讲给他听。

所以，家长应该保护孩子的好奇心，要给孩子提供一个丰富多彩的认知环境，让孩子常能从中获得新颖而神奇的感觉，使他对这个世界充满向往。例如，将孩子的好奇心引向大自然，让神奇的大自然容纳孩子无穷而强烈的好奇，把孩子的好奇心变成对知识的渴求和探索。

（2）拓展视野、增进知识

创造需要凭借想象，但人的想象产生于丰富的生活实践。看得多、听得多、摸得多、接触的事物多，脑子才能积累丰富的表象，即使闭上眼睛也能历历在目。大脑里积累的表象多了，经过改造、调整，就能产生新的表象。这个形象思维的过程就是创造。因此，家长可通过各种活动，丰富孩子的生活，开阔孩子的视野，多带孩子到大自然中，观赏各种树木花卉，了解植物与环境的关系；看看动物的不同习性和爱好；采集种子，捕捉昆虫制作标本，仰望蓝天上变幻多端、漂亮浮动的白云；欣赏日出东方的朝霞、夕阳西下的美景……

其次，家长还应给孩子提供适合他们年龄特点的读物和视听材料，但应注意宜广不宜深，深入浅出，以游戏的形式、故事的口吻，进行趣味讲解。

另外，还要针对家庭的实际，从日常生活入手，采取多种方法培养孩子的创造力。比如：孩子做家务，感到不顺手、不方便时，可启发孩子多动脑，试着改变干活的方法、姿势和工具。第一届全国青少年科学发明中的获奖作品，如充气雨衣、方便皂盒、无泪蜡烛等等，都是孩子从生活中萌发的创造意识的结晶。传说鲁班有一次爬山，被锯齿形的野草划破了衣服和皮肤。他联想到做木工时，木料难以被整齐地割裂，于是创造了木匠的重要工具——锯。

所以，要引导孩子热爱生活，让他们经历丰富，接触面广阔，见多识广，使脑内储存起千千万万个事物形象来，这样才能为发展创造打下坚实的基础。

（3）培养孩子的灵感

所谓灵感，就是人们对一个问题的思考和解决不是按常规的思维逻辑，而是受某种机遇或潜意识的触发，使大脑中各种信息重组，突然获得一种新颖思想和方法的精神状态。人们通过灵感可以产生与众不同的意识，能在无意间迅速解出百思不解的某道难题。如：高尔基的某些创作灵感，是在剧场看戏时产生的；英国诗人司聪格的某些想法总是在睡醒和起床半小时这段时间里浮上来的。

幼儿灵感的出现，表现在他们对某种事情一直是被动地在做，对某一问题总也想不通，但突然间来了情绪，不用大人催就能专心、愉快地去做，问题也就想通了；可过了这一刻，他又恢复了原状。对这种情况，家长不应嘲讽孩子是忽冷忽热，应适时给孩子以鼓励，顺其自然，使孩子能愉快地体验灵感，加强对灵感产生的自信心。

（4）培养孩子的非智力品质

一个人创造了某件事物，应是别人没有做过的，或是与传统观念格格不入的。它的产生和发展是艰难的，需要长期、反复地探索和研究，甚至还要与世俗偏见作斗争。另一方面，由于当代科技已经发展到一个很高的水平，要有所发明、有所创造，往往需要群体协作，相互帮助，一个人单打独斗已经很难取得成功了。

因此，要培养创造型人才，就要培养孩子优良的非智力品质，特别要培养孩子勇敢、坚忍、独立、专注、乐观、开朗、敢于冒尖、珍惜时间和群体协作等性格和品质。而这些因素只有从小培养才有效果，才可能变为人格的一部分。

（5）培养孩子敢于否定别人的胆识

创造力的特征就是独特性和开创性。如果在学习和工作中，跟着别人亦步亦趋，永远都不可能有创造力。因此，培养和提高孩子的创造力，家长应该鼓励孩子敢于发表自己的意见，敢于否定别人的结论。过于依赖、盲从和过分谦虚是不可能有创造力的。当然，孩子在创造力发展过程中，不可能一帆风顺，会出现各种错误和挫折。在这种情况下，应该让孩子树立信心，因为新事物和新思想的创造不可能一蹴而就，要教育孩子不怕错误，改正错误，树立必胜的信心。

2. 培育孩子的想象力

想象，就是利用以往的感知材料，经过改造和组合创造新形象的过程。爱因斯坦指出："想象力比知识更重要，因为知识是有限的，而想象力概括着世界上的一切，推动着进步，并且是知识进化的源泉。"对于孩子来说，想象对他们一生创造力的发展有重要意义。由于孩子主客体尚未完全分化，常赋予无生命的物体以生命、感情和意志，呈现特有的"泛灵性"思维方式，从而给他们的联想、想象提供了充分的自由发展空间。想象可以使孩子冲破狭小的生活领域飞向广阔的认知世界，使孩子超越时间和空间的限制，从游戏中去模拟成人的行为，体验成功的快乐。

另外，要使孩子创造力得到完善的、良好的发展，对他们进行想象力的培养与锻炼也是非常重要的。

家长应尽量发掘孩子进行活动的想象功能，促进想象。对于孩子富有想象力的图画、凭自己想象拼搭的东西、自编的故事等等，都应该给予肯定和赞赏。千万不要用成人的标准去要求和评价孩子的创作。

在家庭教育中，培养孩子的想象力可以从以下几个方面进行：

（1）丰富孩子头脑中表象的储存

表象是想象的基础材料，谁头脑中的表象积累得多，谁就有更多的进行想象的资源。家长平时要指导孩子多观察、多记忆形象具体的东西。去博物馆、去郊游、去动植物园、去参与各种公益活动、走亲访友等，都可以记住许许多多的表象。为了记得多、记得准、记得牢，可以让孩子用语言描述，或者家长与孩子相互描述。家长可以通过写日记，把孩子头脑中的表象再现出来。

文学作品、电影、电视，形象化的东西特别多，让孩子有意识地留心各种各样的人物形象和景物形象，有利于增加表象的积累。

（2）鼓励孩子编故事、猜谜语

从科学的角度来说，编故事、猜谜语不仅有利于发展孩子的形象思维和逻辑思维的能力，而且还能让孩子体验到一种积极的情感。美国著名儿童智力发展研究专家简·海丽认为，鼓励孩子编故事不仅是一种语言训练，更重要的是，它能帮助孩子运用自己的想象力与推理能力，得出出乎意料的结论。

故事作为一种形象的语言艺术，深受儿童喜爱，儿童在听故事的过程中，通过词语的描绘，联想到相应的形象与活动。为发展儿童的创造想象，讲故事时，要注意训练儿童续编故事结尾，问后来又发生了什么事，他怎么样了？……引导孩子展开想象，从多角度续编。

德国诗人歌德幼年时，母亲就常常给他讲故事。讲到最惊险处就停住了，以后的情节让歌德自己去想象。幼年时的歌德为此做过多种设想。有时他和奶奶一同谈论故事情节，然后再等待着第二天故事情节的"公布"。第二天，母亲在讲故事前，先让歌德说一说自己是如何设想的，然后再把故事情节讲出来。这样，歌德的想象力和思维力得到发展，这也为他以后的创作打下了良好的基础。

（3）用绘画启发孩子的想象力

图像能够激发孩子的想象能力，父母应有意识地让孩子多接触各种图画，并鼓励孩子试着以此为基础画出来。

绘画最易诱发儿童的想象力，也是最为儿童所喜欢的一种形象表现形式。孩子虽然画技不高，但却能表达其思维活动过程。对儿童的画，不要只追求画得多么"像"，而应鼓励他"想"得越多越好。如在纸上画出许多圆，让孩子按自己的想象添加内容，看圆能"变"成什么？孩子可能会从单一的一个太阳、一块饼干、一个头像、一朵花、一个皮球……想到用圆组合出熊猫、一束气球、一群小鸡、一堆鹅卵石、天上的星球等等情节画。另外，还可播放不同情绪的音乐，让儿童根据音乐的表现画出自己对乐曲的理解。对孩子的画，家长不要先做鉴赏家，而要先做想象力的评论家，不要着眼于孩子能否成为一个画家，而要先看孩子的想象力是否得到了充分的发挥。

（4）用游戏启发孩子的想象力

爱做游戏是儿童的天性，对于孩子的自发游戏，父母应该给予关注。

游戏对儿童来讲，就如同成人的工作、学习一样，是发展孩子想象力最好的活动。孩子在游戏中模仿成人的多种活动，凭借想象扮演多种角色，表现多种生活情境，自己动手解决游戏中遇到的困难和问题。例如，用积木搭娃娃床，用杯子当锅给娃娃做饭，用圆环做方向盘开汽车，用纸撕成条做面条等，还与小伙伴共同商议分配角色、安排活动。当孩子在认真思考这些问题的过程中，游戏的情节也具体化了，孩子的创造力也随之得到了发展。

犹太人家庭中最常玩的游戏就是让孩子拣圆豆。方法是把绿豆、黄豆或其他圆形的、体积小的、颜色不同的物体混合放在一个盘子里。再准备四五个不同颜色的小碗，让孩子从盘子里取出豆子或其他物体，并把它们分门别类地放入不同颜色的小碗里，这个游戏可以让孩子通过辨别颜色、形状和大小来激发想象力。

（5）让孩子多积累词汇

想象以形象形式为主，但离不开语言材料，特别是需要用口头语言或书面语言将想象的内容表述出来时，语言材料起重要作用。词汇量大的孩子往往能够很顺利地把一件事情表述出来，而词汇量贫乏的孩子则常常由于找不到合适的词汇来表述而中断想象。因此，要让孩子扩大语言文字积累。

为此，父母可以多给孩子提供一些富有幻想色彩的书籍，如童话、科幻、神话、寓言故事等。父母也可以让孩子准备一个摘抄本，用来记录文学名句、名段，随时把阅读中遇到的好词佳句摘抄下来，在空余的时间多翻阅摘抄本，来巩固这些词汇。这样，孩子的词汇量在不知不觉中就增多了，从而促进了想象力的发展。

（6）支持和引导孩子的梦想

每一个孩子都会有梦想，他们幻想自己的将来是多姿多彩的。虽然有的梦想似乎是不切实际的，但却是孩子有想象力的表现。这时，父母千万不要呵斥孩子，更不要讽刺孩子的梦想。正确的做法就是支持和引导孩子的梦想，鼓励他们努力去实现自己的梦想。

一天晚上，莱特兄弟在大树下玩耍，他们看到天上有一轮圆圆的月亮。觉得又亮又好玩，就商量要把月亮摘下来，放在屋里当灯用。

于是，兄弟俩就开始脱掉鞋子，爬上高高的大树，希望站在树上把月亮摘下来。但是，当他们快爬到树顶的时候，一阵风吹动树枝，把弟弟从树上摇落下来。幸运的是，他被一根树杈钩住了衣襟，后来是爸爸把弟弟抱了下来。

爸爸一边给孩子包扎伤口，一边对他们说："你们想摘下月亮的想法很好，但月亮并不是长在树梢上，而是挂在天空中。想要摘到月亮，你们就应该造出一种会飞的大鸟，骑上它到空中去摘月亮。"父亲的鼓励在年幼的莱特兄弟心里留下了深刻的印象，后来，他们果然造出了会飞的"大鸟"，让人类实现了飞天的梦想。

3. 增强孩子的记忆力

记忆是人对过去感知过的事物和语言的再认和再现。人的一切知识都可以认为是由记忆过程保持着的。人能记忆的内容包括这些方面：一是能记忆形象材料，也就是对客观事物的直观的形象的再认与再现；二是能记忆语言与文字；三是能记忆自己的身体的操作或运动；四是能记忆自己及他人的喜、怒、哀、乐等各种情感。因此，要挖掘孩子的记忆潜能，父母就必须全面发展孩子的各种内容的记忆。不但要有强的形象记忆，还要有强的语言、文字和情感记忆。

一个人记忆能力的高低，也反映在四个方面：一是记忆的速度快慢；二是记忆保持的时间长短；三是记忆内容在重现时正确与否；四是在记忆内容中提取所需要信息的速度。其中，记忆内容的正确性是记忆力好坏的最重要标志；迅速从记忆中提取信息的能力是个人才智的展现。因此，培养聪慧的孩子，父母不可忽视记忆力的锻炼。

在整个幼儿期，幼儿的记忆是无意识记忆占优势，有意识记忆正在逐步发展。因此，应充分利用幼儿的无意识记忆，来培养幼儿的有意识有目的的记忆。这一点，家庭教育占有很大的优势。因为父母是孩子的第一任老师，而在孩子的整个童年时期，孩子和父母接触的时间最多，这就为家长实施早期教育提供了良好的条件。

怎样培养孩子的超凡的记忆力呢？

（1）了解孩子记忆的规律

作为涉世不深、理解力不强的孩子，他们的记忆规律呈现三大特点。

一是孩子对形象事物的记忆效果较好，不善于记忆抽象事物。孩子观察、感受过的事物在头脑中储存下来的形象叫表象，比如"天安门"、"飞机"、"警车"等都是它们的具体的形象而不是抽象的概念。表象储存越多，越有利于孩子掌握更多的知识，发展思维和想象力。特别是当他认识某件事物时，告诉他事物的名称，这样具体的形象和抽象的语词相联系，可以提高他的概括能力，促进记忆的准确性与提取信息能力的发展。

二是孩子比较多地以机械的方式记忆，不善于理解记忆。比如，虽然不理解，但在成人的反复教导下，仍能背诵很多唐诗、英语单词等。

三是孩子的记忆活动很容易受情境或情绪影响。通常，孩子对伴随动作或较强情绪体验的内容记忆效果更好。对周围环境中形象鲜明、生动的事物记忆较深。

（2）从无意识记和有意识记两个阶段着手

孩子年龄越小，记忆就越以无意识记为主。凡是直观、形象、有趣味、能引起孩子强烈情绪体验的事和物大都能使他们自然而然地记住，特别是与其情感相联系的事情。所以，必须为孩子提供一些色彩鲜明，形象具体，并富有感染力的识记材料，使材料本身能吸引孩子，以充分发展孩子的无意识记和机械识记能力，促进孩子有意识记和意义识记能力的发展。如各种材料制作的、不同形状的、有趣的小卡片，各类汉字卡片，能活动的计数器，玩具和实物等。对一些杂乱无章的材料，可采用歌诀记忆法，把需识记的材料编成歌词和诗词，形成一种节奏顺序，以提高记忆效果。

随着孩子年龄的增长，特别是当孩子掌握了语言这一工具后，他的有意识记逐步发展了。若想增强孩子的记忆力，就得重视发展孩子的有意识记。

有意识记的发生和发展是儿童记忆发展过程中最重要的质变，为了培养孩子有意识记的能力，在日常生活和孩子各种有组织的活动中，父母要经常有意识地向孩子提出具体明确的识记任务，促进孩子有意识记的发展。例如，在听故事、外出参观、饭后散步时，家长应该给孩子提出识记任务，如果没有具体要求，孩子是不会主动进行识记的。

（3）防止因强迫学习而破坏记忆力

记忆是大脑皮层暂时神经联系的建立，而这种暂时的神经联系由于没有得到强化，随着时间的流逝，暂时联系也随之消失了。比如，早年学习的知识或技能，长期不运用也不复习，就会被遗忘。同时由于外界的强烈刺激，或者人本身的紧张情绪，也会产生遗忘。再者，由于疲劳，大脑神经细胞的活动能力会降低甚至丧失，这也是大脑神经细胞的一种自我保护。因此，家长在引发孩子兴趣和热情的同时，切不可不切实际地强迫孩子做事，一定要合理地安排孩子的作息时间，特别不能在孩子已经疲劳的情况下迫使他们学习，否则只能是欲速则不达，甚至可能引起孩子的厌学心理。

（4）指导孩子掌握记忆的技巧

记忆技巧是指在记过程中，人们用以提高记忆能力的一些必要的心理准备和技巧。人脑的记忆潜能是巨大的。那么如何充分发挥这种潜能呢？关键就在于掌握一套科学的记忆方法。

记忆技巧有许多方面，下面是一些孩子需要尽早掌握，同时又是孩子能够很快掌握的记忆技巧。

重复记忆法。为使要记住的事物在孩子头脑里形成深刻、清晰的印象，让他一遍又一遍反复地听或诵读，这是一种简便易行、行之有效的记忆方法。这种方法更适用于年幼的孩子，家长完全不必担心孩子会对此产生厌恶情绪，因为孩子本来就喜欢重复，比如反复听同一个故事，多次到一个游乐场所游戏，在活动过程中加以必要的引导，如让他讲故事，让他指路、背着说出游乐器械的特点等，可以强化记忆。反复感知事物，这些事物就会在孩子的大脑皮层中留下深刻的印象。

联想记忆法。联想是促进记忆的有效方法之一，就是引导孩子把已知的知识经验与眼下学习的新知识联系起来，这有利于巩固旧知识，并把新知识有序地纳入记忆的网络，易于巩固。

直观形象记忆法。根据幼儿记忆的直观形象性特点，可充分利用直观教具，帮助孩子记忆。如，给孩子选一些知识性的玩具，让孩子在玩的同时掌握简单的科学知识，为日后学习打下基础。

归类记忆法。当记忆材料较多时，引导孩子把材料进行分类和概括，帮助孩子在理解记忆内容的过程中进行逻辑记忆，这样可以使记忆深刻、思维有条理、巩固学到的知识并使之初步系统化。例如，给孩子几张图片，让他看几分钟，拿走图片，让孩子说出看到的图片内容，孩子一般能说得较准确，即记忆清楚；而如果图片较多，孩子会逐渐发现图片内容间的关系，对它们进行比较、分类，在进行概括之后再进行识记。比如把图片内容分别划为"衣服类"、"玩具类"、"恐龙类"等等，再记忆不同类别中的具体事物。

游戏记忆法。以游戏的方式记忆某些事物，是发展孩子记忆力的重要方法。在家庭中，家长可以自编很多亲子游戏活动，在轻松快乐的亲子同乐中锻炼孩子的记忆力。比如用实物或图片让孩子看一看、想一想"什么东西没有了"、"哪一种变多了"；和孩子轮流讲一个故事的不同段落，比赛背诗歌"接龙"中间不停顿，等等。

应用巩固法。孩子获得知识技能后，如果没有练习的机会，就会被逐渐忘掉。让孩子记忆知识、经验，一定要给他机会，鼓励他应用到生活中，以求"熟能生巧"。这样，孩子会加深有关知识经验的印象和理解，提高记忆的准确度，延长记忆时间，需要时能迅速轻松地提取。

4. 培养孩子的思维力

心理学家认为：人的智能结构一般是由观察力、记忆力、注意力、想象力、思维力、语言表达力以及动手操作能力构成，其中思维力则是智能活动的核心。

思维力是指一个人的思维能力。人与动物的本质区别，就在于人类具有其他动物所没有的思维能力。思维参与其他的智力因素之中，使其他智力因素更加具有理解性、概括性和深刻性。例如，孩子的观察活动，在幼儿期由于没有思维参与，观察得很肤浅，只能把看到的表面特征堆积起来，缺乏理解和概括。年龄大的孩子的观察，有思维参与，就能将观察到的表面特征概括起来，进行理解，找出内部联系，使观察深刻化。

思维是人类的高级认识活动。人们通过思维可以认识、感知所不能直接反映的事物，能透过现象看本质，掌握事物之间的规律性联系，并借助于一种事物了解其他事物，间接地预见和推知事物的发展和未来。有个 3 岁的小孩，有一次拿起笔在一个新本子上横七竖八地算起来：$1-1=0$，$3-3=0$，$11-11=0$，$15-15=0$。然后他兴冲冲地告诉妈妈说："妈，同数相减等于零。"这使妈妈大为意外和兴奋。

可见，发展和增强孩子的思维能力非常重要。

培养孩子的思维能力，必须掌握孩子的思维特点。

首先，孩子的思维呈现明显的阶段性：第一阶段（1 至 3 岁），婴儿的思维主要是直觉行动思维。这阶段思维是伴随着动作进行的。例如，坐在椅子上开飞机，用门槛当马骑。第二个阶段（4 至 7 岁），幼儿的思维常伴随着具体的形象进行。例如，孩子理解"老家"一词，他们有的想到的是爷爷、奶奶，有的想到了大山、河流；有的想到了庄稼、水果。第三个阶段（8 至 11 岁），是抽象逻辑思维阶段。这阶段思维的主要特征是能凭借概念进行判断、推理等抽象思维。例如，能用数学的一般法则推导出未知数，能从表面现象研究其内在的规律。

然而，三种思维形式并不是以年龄而截然分割的。3 岁以上的幼儿以具体形象思维为主要形式，有时也仍然运用直觉行动思维。中、高年级的小学生已经能独立进行一些初步的抽象逻辑思维，然而有时还离不开表象的支持。成人也是如此，文学家、艺术家更擅长具体形象思维，但也需运用抽象逻辑思维来探索艺术的理论与规律。

其次，孩子的概括能力一般比较低。2岁左右的婴儿常常把走路摇摇晃晃、嘎嘎叫的东西叫做"嘎嘎鸭"，而指着小猫、鸡毛掸子、毛皮领子等毛茸茸的东西叫"猫咪"，这可以说是孩子最初的概括。这时的孩子只是依据事物某一种外部特征，如颜色、形状、声音等进行概括，仅仅是一种最初级的概括。进入幼儿期，孩子的概括也大多是依据事物的外部的非本质特征（一般是功用性特征）进行。比如，孩子常常是这样概括"鸟"的共同特征："会飞的是鸟。"

那么，如何培养孩子的思维能力呢？

（1）培养孩子观察的兴趣

观察力就是指一个人对事物的观察能力。思维在观察中起着重要的作用，所以有人将观察称为"思维着的知觉"。

观察兴趣必须在观察的实践中培养。父母可以有计划，有选择地引导孩子去观察他所熟悉、所喜爱的事物，如经常带领孩子观察大自然，参加旅行、参观等实践活动，不断丰富孩子的观察内容。在孩子进行观察时，要围绕所观察的事物或现象，讲一些有关方面的科学道理或传说故事，以激发他的兴趣。例如，孩子发现树叶有稠密的一面，也有稀疏的一面，原因在哪儿呢？家长可引导孩子进行有关的思维活动。在引导孩子观察时，还要注意启发孩子对观察到的现象多问几个"为什么"，这就使孩子养成有目的、有计划、有选择的观察习惯。

（2）培养孩子提出问题和发现问题的能力

要使孩子养成爱提问的习惯。善于提出问题，往往比解决问题更难。孩子做作业或课外阅读时，家长都要鼓励孩子提出各种各样的问题。即使有的问题提得幼稚可笑，明显错误，家长都不要简单地否定，或加以批评，而是要鼓励这种敢于提问的积极性，并给以耐心地讲解。

（3）发展思维的各种形式

我们知道，概念、判断、推理，是思维的几种基本形式。儿童的这些思维形式仍处于初步发展阶段。例如，低龄儿童的推理较多的是直接推理，间接推理还比较困难。虽然"A 大于 B，B 大于 C，所以 A 大于 C"这类的推理他们基本上能够掌握，但是，掌握"所有的少先队员都是学生，他是少先队员，所以他是学生"这类推理却难度很大。

家长要注意到孩子的这些特点，积极而有效地进行判断、推理的训练。孩子形成概念、组成判断、进行推理的能力强了，他们的思维水平也将大大地往前推进一步。

（4）教给孩子正确的思维方法

思维方法有多种多样。例如，归类、排序和对比的方法，从不同的事物中找出相似之处，从同样的事物中找出不同之处。再如，举一反三的方法，由一种事物说出与之相关的多种事物，由一类知识想到与之相关的多类知识。像由"打击"联想到"袭击、突击、追击"，及至"击败、击中、击落、击溃"等等，便是举一反三积极思维的例证。

掌握这些思维方法，能够使思维活跃，思路开阔。这些思维方法不是孩子头脑里固有的，它需要从教师、家长及其他成人的点拨中获取，需要从其他同学、小伙伴的交往中获取，也需要从自己的反复实践、反复思考中获取。因此，在教给孩子知识的同时，要发展孩子的思维，教给孩子思维的方式方法，训练他们的思维技巧，这对提高他们的能力非常重要。

（5）通过各种活动训练思维能力

人的思维能力只有在活动中才能逐渐发展和增强起来。计算活动，有利于发展学生的逻辑思维；参观游览活动，有利于发展学生形象思维；小发明、小模拟活动，有利于发展学生的创造思维；参与家务、游戏活动，有利于发展学生的发散性思维。

第二章
好孩子需要正确的引导

一、 如何纠正孩子的坏习惯

当孩子发脾气时，大多数的父母会错误的认为要么是孩子不好，要么是自己不称职。其实学会感受、表达和释放消极情绪是每个孩子都需要学习的基本技能。学会处理消极情绪能激发孩子内在的创造潜能，并帮助孩子成功应对生活中的各种挑战。

（一）总是贪玩，玩得很沉迷

玩，是孩子的天性，每个孩子都喜欢玩。但是如果孩子玩得过分，玩得沉迷，这就有害而无益了。

孩子贪玩是绝大多数父母最头疼的事情。贪玩，不仅影响孩子学习，同时还会使孩子染上撒谎、旷课等坏毛病，甚至走上犯罪的道路。

但是，父母也需要正确认识贪玩这种不听话行为，有时候，贪玩并不是不听话，而恰恰是孩子与众不同的个性或者创造力的表现。

纪芸是学校里的活宝。学校不让带玩具，他就会变着法子玩出各种花样。上着课他就会拿支铅笔在地上踢起"铅笔球"来，引得同学注目。老师瞪他一眼，他马上坐好，像没有发生事情一样；老师回头板书，他又会扮鬼脸，惹得大家哄堂大笑。最近学校附近新开了一家游戏厅，纪芸这下"英雄有用武之地"了，经常不到学校上课，用父母给的零用钱或以欺骗方式从父母那里要钱到这家游戏厅玩游戏。把游戏厅作为逃避学习痛苦的"世外桃源"。纪芸的学习成绩一天天下降。由原来的优秀生逐渐成为差等生，考试经常不及格。父母是打也打了，骂也骂了，可没起到什么作用，实在发愁死了。

相信许多父母都为自己贪玩的孩子伤过神：他们整天贪玩，对学习毫无兴趣，不能自觉学习，即使是在有监督的情况下，也总是心不在焉、左顾右盼。那么，如何对待这种贪玩的孩子呢？

1. 把游戏的快乐贯穿到学习当中

游戏机有得分高低的问题。踢球有进球不进球的输赢问题。所有的游戏都有规则，这些游戏规则恰恰是我们人类在工作中争取成功、避免失败的原则的另一种写照。

在生活中人类要比智慧，所以创造了比智慧的游戏，如象棋、围棋。正是模拟工作的游戏，把人类生活中那些吸引人、激动人、兴奋人、推动人、鼓动人的特征集中地表现出来。

好家长就要善于帮助孩子把学习、观察、记忆当作一个非常有趣味的事情来做，在玩中学，使学习变得快乐。

运用游戏的各种法则来引导孩子学习，是家长要动脑筋的事情。

2. 不要再想尽办法禁止孩子玩

家长们为了杜绝孩子看电视、玩电脑，想了各种各样的办法和对策。不是藏键盘，就是拔电源板，但办法想尽了，似乎也不能把问题解决好。

说到底，问题不在于让不让孩子"玩"上，而在如何调整孩子"玩"的取向和方式，解决玩和学习的矛盾。

达尔文喜欢动植物，最后玩出了《物种起源》；爱迪生喜欢玩孵小鸡，结果玩出了一个又一个发明。当然不是所有的玩都能玩出名堂，即便如此，玩也可让人放松，调整情绪。不幸的是，很多孩子玩得过分，玩得沉迷，很多家长朋友更是"闻玩色变"。但谁都知道，玩是根本不可能被限制和禁止的。玩是人类生活的组成部分，玩对于孩子来说不仅是生活的需要，也应该是被允许享有的权利。

3. 玩和学习对立统一，要孩子学会聪明地玩

玩和学习是对立又统一的，光会学习是不能成长的，玩使孩子眼界开阔，使孩子学会交流、协作，使孩子的思维能力得到训练发展。

玩需要约定，既然会与学习发生矛盾，那家长就应该帮助孩子协调好学习与玩的关系。由于对玩错误地理解，错误地安排，把玩当成是工具，粗暴地阻断玩和学习的关系是最大的弊端。玩就是玩，学习就是学习，玩不是学习的诱饵，尽早树立这种观念是非常必要的。

有人在闲的时候把看字典当作休闲和娱乐，有人在脑子累的时候会把洗衣服当作放松。玩是正常学习生活的积极补充，玩不好，学习也不会好。但是有些孩子不能控制自己，玩得过度就是不合适的玩，对学习就会有不良的影响。其实对玩的认识和感觉本应该是严肃的。为什么不能科学地去玩呢？为什么不能带着正直的心去玩呢？为什么不带着目的去玩呢？所以，聪明的人有聪明的玩法，而不是瞎玩、乱玩，任性地玩。

（二）很不听话，总为自己的错事找借口

家长在教育孩子时，经常要求孩子要"听话"，"要听老师的话"、"听话才是好孩子"、"不听话就不是好学生"等等。久而久之，"听话"便成了好学生、好孩子的代名词。毋庸置疑，要求孩子听话并非有错，然而，为了提高孩子的自

主性，若片面强调孩子听话，则会影响一些孩子的健康发展。

生活中有的孩子犯了错误，试图找出理由为自己辩护，其目的无非是为求得父母对自己的谅解，这种心理很正常，也是孩子鼓足了勇气才这样做的。如果父母武断地加以"狙击"，孩子会认为父母不相信自己。对父母亲的这种"蛮横"做法，孩子虽不敢言，但心不服，以后孩子即便有更充足的理由也不会再申辩了。孩子一旦形成了这样一种心理定势，对父母亲的批评就根本无法接受，把训斥全当耳边风。

大约到了小学高年级和中学阶段，孩子开始进入比较逆反的青春期。这时的孩子已不再满足单纯被教育的角色，自我意识和独立性逐步增强，不喜欢被动地接受父母的吩咐和安排，遇事愿意自己独立思考和判断，希望自己决断。如果这种需要不能得到满足，他们就会感到失望甚至进行反抗，从而变得"不听话"。

白芳是一家外资企业的部门经理，工作非常忙，有时候根本顾不上照顾自己的孩子。只好抽时间把孩子的姥姥从农村接了过来，一是让老人在这里帮忙照顾一下孩子；二是也让自己的母亲享受一下城里的生活。

白芳的孩子很懂事，自从姥姥来了以后，怕姥姥闷，每天都带姥姥出去散步，还用自己的零用钱给姥姥买好吃的。姥姥高兴地逢人便说："外孙女真是个懂事的孩子，知道心疼人！"

一天，白芳下班刚进门，听到房间里有"咯咯咯"的叫声，推门一看，几只活蹦乱跳的小鸡正在房间里乱窜。忙碌了一天的白芳，看到家里乱乱的样子。不免心烦意乱，张口就训斥孩子："怎么这么不听话呢？马上就考初中了，还弄这些东西干吗？乱死了！"孩子正要向她解释什么，她却不容分说地继续呵斥孩子："给我扔出去！把这些东西给我扔出去，不用解释，我不想听！"说完就要去抓那几只小鸡。这时，孩子的眼泪"唰"地流了出来，他好像想说什么，但什么也没说，一转身回到自己房间，把门重重地关上了。

白芳很生气，刚想追过去再训孩子，孩子的姥姥对白芳说："你别骂孩子了，这是孩子给我买的，他说怕我在家寂寞，买了几只小鸡来陪我。孩子都是出于好心，你要是觉得不喜欢，可以好好和孩子说，把这些小东西送给别人就可以了，不要再骂孩子了。"

中国的家庭教育信奉"听话"教育。中国的父母普遍认为听话的孩子就是好孩子，"不听话"的孩子就是坏孩子。"听话"也是中国父母对孩子讲得次数最多的、在教育孩子时使用频率最高的词之一。孩子在家里被时时教训要听父母的话；孩子上幼儿园后就被叮咛要听阿姨的话；孩子上学了也要被嘱咐要听老师的话。总之，听话的孩子总是招人疼、惹人爱，不听话的孩子总是招人嫌、惹人烦。

正是由于有这样的认识，中国的父母往往刻意要求孩子对自己要无条件顺从。一些父母觉得自己绝对正确、无所不晓、无所不能，自己过的桥比孩子走的路还多。孩子当然要无条件地接受自己的教诲。于是，当孩子与大人出现分歧时，大人经常武断地表态"你错了"、"你这样不对"；当孩子想对某件事作个说明时，便会遭到父母更严厉的训斥；更有一些缺乏耐性的父母，十分反感孩子顶嘴，当孩子向他们的权威发出挑战时，盛怒之下免不了对孩子拳脚相加一番。

实际上，"不听话"意味着孩子的心理在成长，说明他已经开始有了自己的喜好：喜欢什么，不喜欢什么；说明他已经开始有了自己的判断：什么是对的，什么是不对的；说明他已经开始有了自己的见解：应当怎么做，不应当怎么做。当孩子年龄尚小且自理能力较差的时候，让孩子按大人的指示去做是可以的；但当孩子逐渐长大以后，再总是用"听话"去教育孩子和要求孩子，就显得有些偏颇了。这时，父母应该认可孩子在心理上的成长，积极努力去理解孩子的想法，采用不同于过去的方式帮助和指导孩子；而不是一味地抱怨"孩子长大了，不听话了"；或者简单地采取高压政策使孩子屈服。

孩子"不听话"比沉默地反抗要好，因为"不听话"可使父母更容易了解子女。客观地说，孩子"不听话"是有许多积极意义的：

1. 增强孩子的自信心

孩子"不听话"，说明他有自己的见解，而且敢于表达和坚持自己的见解，如果家长这时能够听取和采纳孩子的正确的意见，孩子就会感觉到自己是有能力的、有价值的，这对增强其自信心大有裨益。相反，如果总是用"听话"两个字去教育孩子，只能让孩子养成唯唯诺诺的性格。

2. 提示父母教育的不当

孩子"不听话"通常发生在父母批评不得法而令孩子不服气时。孩子没做错事而受到父母的冤枉时；孩子不想马上去做的事可父母亲硬逼其去做时；或者父母心情不好拿孩子出气时。其实这些都反映了父母在教育孩子时的方式方法有问题。他们正好可以从孩子的不满情绪和"不听话"的表现中反思一下自己的做法，从而来改变和提高自己教育孩子的方式方法。

3. 缓解孩子的心理压力

孩子的"不听话"也是一种心理宣泄，这是孩子缓解心理压力、保持心理平衡的一种方式。如果孩子对大人一些不恰当的所作所为不敢怒、不敢言，许多委屈都憋在心里，其心理压力就会非常大，久而久之就会产生忧郁、头痛、精神不振、懦弱等不良的心理反应。

（三）粗心马虎，大错不犯小错不断

大多数人在潜意识里认为，"粗心"只能算是大家都会犯的小毛病，不会把"粗心"看作"无知"。因为他们认为，粗心不是不会，既然不是不会，就不能算是大毛病，也不算是大问题，当然也就不太值得让人担忧；况且谁都会粗心，谁都免不了出错，在这样自我原谅的意识中，孩子对"粗心"的放纵和宽容也就不难理解了。

李小莉上小学四年级了，平时学习还不错，可一到考试就不行了，有时还考不及格。妈妈每次看她的考卷，都发现很多错误都是粗心所致，并非不懂不会。妈妈总是教导她不要马虎，要细心答卷，可是下次考试时小莉还是粗心。妈妈很生气。真不知怎样才能纠正孩子这个考试粗心的毛病。

考试粗心是不少孩子常犯的毛病。考试粗心的危害很大，甚至有的学生高考落榜都是由粗心所致。

无论在生活还是在学习中，人人都有过粗心的体验，并因此而受到损失。在一些重要的时刻，比如中考、高考，"粗心"带来的就不仅只是小麻烦了，那损失往往不可计算，也无法弥补。

父母怎么帮助孩子改掉粗心大意的毛病呢？主要可采取以下几种方法：

1. 要培养孩子仔细、认真的习惯

有些孩子聪明又能干，学习也不错，但却有粗心的毛病，自认为会了，没问题，结果考试时没审好题，最后答错了。对于这样的孩子，父母一方面要肯定他们聪明好学的优点，同时也要引导他们做事、做作业、考试都精益求精，一丝不苟。要通过孩子过去粗心的实例和教训来分析粗心所造成的危害，讲明精益求精的重要意义。通过一些生动的实例，可以让孩子充分认识粗心的危害性，从而收到较好的教育效果。

2. 教会孩子考试要有平常心

考试中，一般试卷的试题分为简单题、中等程度题与难题。家长要向孩子说清楚，进入考场拿到考卷不管是什么题都要以平常心对待，对难题不畏惧，对简单题不盲目乐观。应让孩子知道简单的题最好全部做对，因为孩子完全有能力做好这类简单题，只要认真对待，就完全可能顺利地把简单题全部拿下。简单题做得顺利，心中就有底了，就会更有信心去解决那些难题。

3. 进行准和快的训练

父母要根据孩子考试常犯的错误、常出的毛病、常粗心的地方，和孩子商量拟订一些题目让其来做，要求又准又快，以准为基础快速解出来。要做的题都是孩子会的，很简单，只要认真就会做出来，孩子经过这样多次的训练，就会提高做简单题的成功率，逐步可以达到百分之百的成功。这样的训练比口头教育的效果好得多。只要孩子经过训练后改正粗心的毛病，有所进步，就要给予充分的肯定，以强化他的信心，并收到更好的效果。

4. 让孩子学会自我监督

帮助孩子分析错误出现在哪里，让孩子抄录自我提醒的"语录"。例如，"坚决消灭错别字""不要忘记复数"等，放在自己桌子的玻璃板下，贴在作业本第一页上或者其他醒目的地方，提醒自己注意改正粗心的毛病。这样有助于孩子克服粗心的毛病。在考试前经常根据孩子各门课易出现的错误、易粗心的地方，和孩子一起讨论，针对各门课的不同情况写出一些自我提醒的语句，对克服孩子考试粗心的毛病很有帮助。

（四）非常叛逆，总喜欢跟大人作对

当孩子反抗父母时，通常是因为他们想要别的东西，而且他们觉得如果父母理解他们，就会满足他们的需求。有时候，他们的反抗只是想跟你沟通，告诉你他们更想要的是什么。

理解的作用在于它能马上降低孩子的反抗程度。当孩子知道你能体会他们想要什么以及这些东西对他们多么重要的心情时，他们的反抗程度就会减弱。当然光是这样还不够，我们还需要向他们表达我们真的理解他的心情。孩子的反抗，往往是因为他们误会父母不理解他们。

5岁的博比想要吃饼干，但他的母亲希望他饭后再吃。

博比：妈妈，我想吃饼干。

母亲：快吃饭了。你等到饭后再吃吧，那时我可以给你一块。

博比：可我现在就想要……

博比生气了，接着开始发脾气。母亲先倾听并理解博比的心情。之后她平静地说："我知道你现在就想吃饼干。你很生气，因为我没有把你想要吃的饼干给你。"

这时，博比平静了一会儿，这是因为他认为妈妈既然知道了他想要饼干，就会把饼干给他。但母亲接着又说："你还是得等到吃完饭后才能吃饼干。"

有时候，这就可以消除孩子的反抗了，但也有些时候，孩子还可能需要得到更多的理解，才愿意与你合作。大多数时候，孩子反抗父母只是因为他们认为父母没有倾听和关注他们的需求。

我们来看一下当博比需要更多时间和理解时会发生什么样的情况，当博比的怒气平息之后，他感到了失望和伤心。尽管博比对母亲依然很生气，但此时已经自然而然地由生气转变为伤心或者是失望了。博比开始边哭边说："我从来都得不到我想要的东西。我不想再等了。"

母亲再次对他未满足的愿望或者需求表示了理解和认同，她说："我知道你很难过。你想要一块饼干，不想再等了，因为等的时间太长了。"

博比的反抗明显减弱了，但更重要的是，一种更深层的感觉出现了。哭了一会儿之后，博比感到有些害怕。他说道："我从来要不到饼干。我几乎从没得到过我想要的东西。我只是想要一块饼干，为什么就不能给我？"

这时候，母亲不用做出任何解释，应继续理解和认同孩子的感受和需要。

她可以说："我知道你害怕永远得不到饼干，但我向你保证你会吃到饼干的，只是需要等一会儿。我发誓。过来，宝贝，让妈妈抱一下，我很爱你。"

这时博比依偎在母亲的怀里，不再生气了，获得了一开始就需要的爱、安慰和支持。

通常来说，当孩子不愿意合作时，他们往往期待被理解、被关爱，他们需要的可能只是一个拥抱。

二、 培养情商，要从小时候开始

父母无法决定孩子的命运，但可以为孩子创造良好的成长环境，让孩子心里的种子发芽、成长、茁壮。这种特别的支持和对孩子独特个性的认同，给了孩子去实现其梦想的力量和信心。

（一）男孩女孩有差异

男孩和女孩之间有一个很明显的差别，那就是男孩容易忘记，女孩则会记住。母亲常常会感到沮丧，因为儿子总是记不住她要求的事情。父亲经常因为女儿会过多地谈论起琐事而感到失望，他可能觉得没必要说这么多。为什么会出现这种差异呢？

男人处理压力的办法是更加专注地去做一件事情：一个亟待解决的大问题，或者手头的一项重要工作。压力越大，他们越有可能忘记一切，沉溺在一件事情中。男人很容易忘记自己的生日、纪念日甚至孩子的生日，因为他更关注自己的工作。

女人把男人的遗忘误解为不关心。当她压力重重时，她反而会记住更多。处于压力之下的女人是很难忘记重要的事情和责任的。所以紧张地忙了一整天后，女人经常想谈谈这一天的生活，而男人却想忘记所有的工作和压力，看看电视或读读报纸。

对男人来说，看报这种全神贯注的行为最能令他放松，而女人总是希望聊聊今天的事情，甚至每一个细节，才能舒缓压力。男人通过忘记来释放压力，而女人是通过记住来释放压力。

正是因为这种基本的差异，男人和女人才会经常产生误解。理解这种差异不仅让男人和女人相处更加容易，而且对我们更好地理解和支持孩子也有很大的帮助。

当一个小女孩看起来像是在抱怨的时候，实际上她只是需要时间记住并聊聊那一天发生的事儿。这样父亲们就能理解为什么他只在女儿说到重点时提出相应的解决办法是不合适的。女孩需要时间，需要关注，需要父亲专心地听她说的每一个字。全神贯注地听她说话，她的需要就可以得到满足了。

女孩子需要父亲全身心的关注来释放她一天的压力。在运用正面养育的技巧时，父母一定不要跳过前面的步骤，直接进行奖励或者"暂停"。女孩需要更多的时间倾诉并表达她的反抗。她们一般通过谈话来释放压力。

通常，当一个小男孩忘记了母亲的叮嘱时，母亲会觉得他不专心。其实，很多时候他听了，但是后来又忘了。当男孩遇到压力时，他会自动屏蔽掉所有造成压力的信息。当母亲强加给男孩子一些事情或者喋喋不休时，就会给他造成很大的压力，因此他往往会忘得一干二净。

母亲们越烦躁地要求男孩子顺从，他们就越容易忘记母亲的话。认识到这一点，妈妈们会受益颇丰。她可以正面提出要求，来让孩子记住。如果她释放掉消极情绪，并做出正面的要求而不是强求，那么儿子记住并给予响应的可能性就会更大。9岁之前的男孩子忘记你的要求，永远不是他的错。他有时候就是会忘记那些让他倍感压力的唠叨。

（二）鼓励孩子多与老师交心

有一位表现积极、工作负责的体育委员，在一次体育课外活动中，体育教师没有认真听取他的合理化建议，武断地对他进行了批评，挫伤了这位学生的工作积极性，使他对体育教师产生了对抗心理。具体的表现是：情绪低落、孤僻，对学校的体育活动不再像以前那样积极负责了。

这位学生的这些变化未能引起体育老师的重视，致使师生之间的心理距离越来越远。上体育课时这位体育骨干不光是消极对待学习，偶尔还故意犯些小错误。每次犯错误后，体育老师都采用简单的方法处理，有时是粗暴地批评，有时是不闻不问，后来干脆撤销了这位同学的体育委员职务。

职务被撤销之后，这名学生的情绪更是一落千丈，上体育课总是迟到，甚至旷课，后来产生严重的厌恶体育的心理，干脆再也不参加体育活动了。

这名体育委员的行为，其实是青春期孩子在特有的应激反应之下所产生的激动情绪的极端化表现。青少年的大部分时间在学校里，就免不了和老师交往。多数人都有这样的体会：与哪个老师关系比较融洽，喜欢上哪门课，哪门成绩就好；如果与哪个老师关系不和谐也会殃及那门课，这大概也是爱屋及乌的反映吧。

小学生几乎都把老师当成偶像，认为老师是世界上最有学问、最值得尊敬的人。到了中学，随着自我独立意识的增强，初中生们渐渐学会了评价老师，对老师不再盲目地喜欢和崇拜了。有的人更是只看到老师的缺点，说老师太严厉了，对学生没有好脸色；说老师太偏心了，就向着学习好的学生；或者认为老师太主观臆断，不调查清楚事实就乱批评人等。这些同学对老师有了意见可又不愿意给老师提，怎么办呢？就用一些不妥当的行为来发泄，比如给老师起绰号、上课故意捣乱、当众顶撞老师等。这样做的结果必然会造成师生之间出现矛盾、关系紧张，其最终结果是影响孩子的学习和身心健康。那么，都是什么原因导致孩子不喜欢老师呢？

一是没有得到老师的重视。老师没有让孩子当小干部，没有给他一定的工作任务，甚至在课堂上很少向他提问，或者老师从来没有跟他交谈过。

二是孩子对某科的学习缺乏兴趣，成绩不好，即使老师没有对他批评、责备，他自认为学习不好，老师不会喜欢自己，于是对老师缺乏感情。

三是因为纪律问题或个别错误受到老师的批评过多、过于严厉。受到太多、太严厉批评的孩子，在老师面前缺少成功、愉快的心理体验，易造成感情上的隔阂。

四是被老师冤枉过，老师又没有认真承认自己的失误。老师教育、批评学生时，难免出现错误，有的孩子被冤枉了，耿耿于怀，产生委屈甚至怨恨情绪，与老师感情疏远。

一般来说，孩子不喜欢老师是因为不能忍受老师对自己冷淡的态度，或不能接受老师对自己的批评而对老师产生的一种抵触情绪。而这种负面的情绪会直接影响孩子的学习兴趣和学习效率，应该引起老师和家长的重视。家长要做好以下工作：

1. 给孩子创造宽松、自由的诉说氛围

要给孩子创造一种宽松的、自由的发表意见的心理氛围，使孩子毫不隐瞒地讲清楚老师批评自己的原因，以及对自己的态度和自己接受批评时的心情。家长一方面要认真听取孩子对事情的全部经过的陈述，以及孩子对老师批评和处理意见的看法。另一方面要冷静地分析孩子产生抵触心理的主要原因。并采取适宜的方法予以解决。

2. 让孩子学会换位思考

要注意培养孩子的"同理心"（即人的心理具有的识别他人的情绪，并对其

做出适当响应的一种能力）。让孩子学会站在他人的角度考虑问题和处理问题，创造情景让孩子亲身体会老师的难处，并在这个过程中改善师生间的关系，减轻或避免孩子对老师的抵触情绪。切忌在没搞清事实真相之前就简单粗暴地批评孩子或对老师表示不满。应教导孩子：一方面要尊敬老师，尊重老师的劳动；另一方面，要正确对待老师的过失，委婉地向老师提意见。告诉孩子，人无完人，老师也难免有缺点，对老师要理解和宽容。

3. 积极配合老师教育好自己的孩子

家长要了解孩子在学校的表现，老师也要了解孩子在家中的行为，这对家长和老师共同教育孩子、避免孩子对老师产生抵触情绪是极其重要的。而只有家长与老师经常保持密切的联系，才能步调一致、有的放矢地对待孩子成长过程中各种合理的需要，并施以有效的教育，使孩子在老师的教育中体会到受教育的愉快。当然在某一个问题或某一件事上，家长与老师可能有不同看法和意见。这时候要避开孩子互相交换意见，不可以当着孩子的面争辩。否则，会造成孩子思想上的混乱或无所适从，甚至使孩子养成两面派的坏毛病，或造成家庭教育和学校教育两种教育作用相互排斥或抵消的不良结果。特别要强调的是，家长切不可当着孩子的面讲有损老师尊严的话，同时，要让孩子懂得，对老师的尊重并不等于认为老师做的都对，对老师有意见就应该向老师提出来，只是需要讲究一些策略，最好是在事后找老师谈心，说明实情，消除误会。

作为家长要多鼓励孩子多与老师交心。如果孩子过于害羞、胆怯，那么可以鼓励孩子以书面形式与老师交流，并主动写出自己的想法和打算。

（三）不同气质的孩子，需要不同的指引

当父母学会了如何接受并培养孩子的不同气质时，这些气质会很自然地有所

变化。有些孩子一开始可能每种气质都有一点儿，但他会逐步地经历所有 4 种气质。一种气质需要得到一段时间的培养才会转变为另一种气质。下面是一些可以预期的转变：

感觉更强烈、更深入、更认真的敏感型孩子，会逐渐变得活泼，喜欢更多的欢笑与乐趣，他们可能会更有责任心、更愿意回应了。当敏感型的孩子感觉到被倾听时，他这段时间会显得更轻松、更愉快。

聪明活泼、喜欢刺激、讨厌一成不变的反应型孩子，渐渐会懂得如何集中注意力，如何遵守规律，如何全身心投入到人际关系和工作中。当反应型的孩子面对许多选择时，他们会开始从中挑选出他们真正喜欢的事，然后投入较多精力。

举止得体、乐于合作、遵从指示、拒绝变化的接受型孩子，会渐渐地变得自我激励、明智、适应性强、灵活变通。原本不喜欢改变的孩子将变得活泼，也愿意接受挑战，尝试新事物了。

意志坚强、喜欢冒险、希望成为关注焦点的活跃型的孩子，会渐渐变得愿意合作、富有同情心、乐于助人。当活跃型的孩子得到足够的指引，对达成目标信心十足时，便会觉察到他人的需求，并且帮助需要协助的人。

不同气质的孩子，需要不同的活动安排。了解这些不同的气质，我们能够更清楚什么活动对一个孩子来说更适合。

敏感型的孩子需要更多理解。敏感型的孩子发展新的友谊有点困难，因此他们需要帮助。他们可以参加一些有人监督的、比较安全、和谐的交往活动。这种孩子不需要大量的刺激。敏感型的孩子需要有同样敏感的人在身边，这样容易找到归属感。让他们帮忙照顾宠物是个好主意。因为宠物或者受伤的小动物会更容易让敏感型的孩子产生共鸣。

反应型的孩子需要更为多样性的活动。给孩子大量刺激可以满足这种特别的需求。露营、参观博物馆、逛公园、购物、体操、滑雪、看电影、看电视、看录像、看书、散步、游泳、荡秋千……所有这些活动都能刺激孩子。如果他们没有获得各种各样的刺激，就会很容易沉迷于录像或者电视节目中，从而变得内心忧虑。

接受型的孩子需要每天有一个习惯。太多活动会把接受型孩子的节奏打乱。他喜欢每天都可以回家看书、遛狗、看电视、吃点心、做点家庭作业。接受型的孩子习惯规律的活动，不喜欢太多变化。他们会苦于跟反应型或者活跃型的兄弟姐妹长时间待在一起。他们喜欢旁观，当被要求过多地参与活动时，他们会变得紧张。如果要让他们留在日托机构或者参加课余活动，老师应该注意让这些孩子保持旁观的权利，而不是总要他们加入到活动中。

活跃型的孩子需要父母为其做出大量安排。活跃型的孩子需要大量的监督、规范、领导和行动。有监督的运动和团队对这些孩子很有好处。如果对他们不管不顾，他们会变得蛮不讲理、惹是生非，还会带领其他人到处惹麻烦，成为害群之马。

（四）帮助孩子正确对待偶像崇拜

偶像崇拜是青春期的特征之一，由于这个时期的孩子已渐渐脱离父母的庇护，触角向外伸展，父母、老师不再是"伟大"的化身，而渐渐地有了新的"伟大"的标准。也许是容貌姣好，也许是地位卓越，可能是歌艺超人，也可能是机智不凡，一旦某人的特质让青少年心仪、羡慕，他们便很容易献出全部的热情，将他当成学习、模仿或仰慕的对象。"人不轻狂枉少年"，可以称得上是偶像崇拜的最佳诠释。从心理学的观点来看，适度的偶像崇拜对成长中的自我认知有相当大的帮助，孩子还可能透过对偶像的模仿学习到一些正向的行为模式。

2003 年 6 月 21 日，大连市一位崇拜张国荣的 16 岁少女自杀，起因是她的母亲认为马上就要考试了，没有给她买张国荣的歌碟。少女自杀后，母亲找到孩子的日记，她在日记中写道："看到他，我不知哭过多少次。我喜欢他，不是因为他长得帅，而是他的那种与众不同的性格。他的一举一动一喜一悲都令我心动。""我想他，哪怕一天能看一眼他的样子，我就满足了。""在我的世界里只存在张国荣，我只为他而活。"

近几年来，青少年因为追星而影响学业的现象很普遍。因为疯狂崇拜偶像而导致的自杀悲剧不断发生。

现今年轻人崇拜的偶像变化极快，但每一轮的崇拜中，他们都那么狂热。何以明星的偶像生命并不长久，偶像崇拜现象的生命力却如此顽强？从心理学的角度来说，青少年们崇拜偶像主要有三个原因。

首先，追星的青少年是要追寻自我。当他们或早或迟地走过童年，面对纷繁的世界时，往往会感到无所适从："我是谁，我从哪里来，我要到哪里去？"他们这种内心深处的困惑缘于心中没有建立起一个稳定的自我形象，即所谓"自我同一性"。此时，他们开始思索自我的意义，他们急需一个看得见、摸得着的活生生的形象作为自我的代表。他们在公众人物中寻找那些具有自己欣赏的特点的人物。于是明星出现了。如果明星能够有足以让他们佩服的表演，就会成为被崇拜的偶像。从这个角度来说偶像是崇拜者的代言人，是崇拜者的理想自我，也是崇拜者心目中的未来。

其次，偶像也是青少年心目中父母的替代品。青少年在生理上有了突飞猛进的发展，但心理上的发展却远远滞后。由于生理上的发展，他们认为自己已经长大了，希望能够独当一面，渴望摆脱父母的控制。然而，他们有限的生活经验又使他们不能没有父母的帮助，这种矛盾状况使他们感到很苦恼。因此。他们选择崇拜拥有能力、地位和独立精神的偶像，希望通过偶像崇拜来实现独立自主的目的。某种意义上，这不过是将偶像代替了父母，让偶像来行使父母对自己的控制。

再次，偶像崇拜也是青少年融入自己团体的一种手段。有些追星族是为了保持与同伴的一致而被卷入追星的行列的，相形之下他们是"二流"的追星族。他们追求的是让自己有所归属，是为了让自己和别人知道他们属于那个团体。所以他们需要知道大家正在讨论的明星的生日、星座和爱好。

客观地说，崇拜偶像能满足孩子的某些心理需要，对其成长有一定的好处。特别对于青少年而言，随着年龄增长，自我意识增强，父母和老师的权威减弱，但自身还未真正成熟，所以需要有新的参照和学习对象。由于娱乐明星外貌或才艺出众，而且总处于大众关注的焦点，显得很风光，所以很容易成为青少年追随和模仿的对象。崇拜偶像也有一定的情感寄托作用。青少年逐渐脱离对家人的感情依赖，但是青春期情绪波动不稳，仍需要有外在的情感依托和情感表达对象。对偶像适度的追随和模仿，有助于使青少年确立自我认同，宣泄和平衡情绪，并为进入成年角色做好准备，而且对他们来说，欣赏和喜爱影视、歌曲作品，本来就是一种精神享受。

大多数孩子的"追星"仅限于收藏几张他喜欢的"星"照贴在床头，听该"星"演唱的碟片，或偶尔花钱买票听该"星"的演唱会，搜集该"星"的一些生活资料……如果仅限于这些，做家长的不应横加干涉。孩子紧张学习之余，听听流行歌曲，让生活丰富多彩些，会更有利于健康成长。

但是，追星是一种非常情绪化的行为，容易理想化、浪漫化、绝对化，出现极端、冲动甚至疯狂的情绪和行为，不仅危害自己的身心健康，还可能拖累家人。所以在肯定崇拜偶像有一定积极作用的同时，应该防止孩子崇拜偶像走火入魔。

研究发现，有些人年少时选择具有领导能力的人作为偶像，他们长大后比一般人更能承受责骂、父母离异甚至重病的打击。可见，为孩子选择偶像有多重要。其实，孩子生命里的第一个偶像大多是自己的父母，其比例可达82%，为人父母者真该小心言传身教。

有乐观的父母才会有开朗的孩子，不论你是热爱工作，还是待人热诚，孩子都会全盘模仿，并会以你所拥有的办事效能、技巧、成就甚至体能作为榜样。可能你会觉得自己做什么都不在行，但你待人接物的态度，你的理想、志向、信念都是献给孩子的最丰厚的礼物。

随着孩子日渐长大并开始独立，他们所崇拜的偶像也会有所转移，新目标可能是祖父母、玩伴的父母、家庭医生、电视剧中接触到的人物等。此时，父母可以多鼓励孩子模仿这个人物的正面行为，不妨多安排些聚会，让孩子与他的偶像多多接触。

那么，做父母的应该怎样帮助孩子对待偶像呢？

1. 要让孩子明白偶像只是在某个方面很杰出，在其他方面也很普通。可以引导孩子主动说出自己偶像身上的不足，比如其偶像的发型、服饰、表情、习惯动作、口头禅等。同时要帮助孩子学会分析，用理智来面对明星。让孩子清楚认识到明星也是人，他们一定也有许多缺点，不是所说的每一句话都是真理，每一种行为都是美的。

2. 帮助孩子看到明星的艰难。有意引导孩子多向思维，不要一味批评，不要激化矛盾，应学会支持孩子对的一面，指出片面的地方。告诉孩子，明星的成长历程也有勤奋、有辛酸，要看到他们鲜花掌声后面踏实的努力。

3. 要培养孩子多种兴趣爱好。帮助孩子把注意力从偶像身上转移到其他活动中，比如运动、书画、音乐等。日本著名心理学家森田正马指出，大多数心理疾病的原因都是"精神交互作用"：对某些片面信息注意越多，越容易把它看得很重，如此形成恶性循环，最终导致心理障碍。当从许多活动中都能得到乐趣时，就不容易执著于某一种乐趣。而且当某种活动受到挫折的时候，还能从别的途径获得乐趣，从而保证心理状态不失去平衡。

（五）培养孩子交往的能力

美国心理学家劳伦斯哈特在对一些孩子进行了长达 10 年的追踪调查后，认为那些善于与人交往的孩子智商较高，往往比较聪明活泼，而且上学以后学习成绩一般都比较好，可以从其他人那里学到多方面的知识。同时，一个活泼开朗、乐于与人相处的孩子容易受到同伴的欢迎和成人的喜爱，且也容易适应新环境。

然而，现在的孩子多是独生子，他们因缺少同龄伙伴，接触面较窄而产生了诸如自我中心、攻击性强、不合群等许多社会性方面的问题。

谈起孩子的人际交往能力，很多父母都摇头，并在孩子身上找原因，轻描淡写地说是"孩子性格内向"。殊不知人际交往能力除了孩子本身的问题外，受父母的影响还是较大的。一项由南京师范大学教育科学研究院和江苏教育学院进行的调查发现，包括家庭因素在内的一些外在因素对学生在班级中的交往有很大的影响。

这项研究表明：家庭成员与外界交往的频率大小与其子女在班级中的交往行为有直接的关系。家庭交往频率越高，学生在班级中交往的倾向就越强，反之亦然。

在随机抽样的 209 个学生家庭中，有 155 个家庭与外界交往频繁，而其子女在班级中交往率则高达 81.29%。尤其在"交往方式最像谁"和"交往方式受谁影响最大"两项调查项目上，学生受其父母影响的百分比分别是 61.29% 和 52.26%。而在与外界交往很少的家庭中，其子女在班级交往能力方面的表现则有点"迟钝"，尽管他们也有交往的需求和动机。从交往方式上看，由于这些家庭既无广阔的社交圈，又不重视对孩子社会交往能力的培养，使得这些学生在其家庭中得不到交往的锻炼和模仿的机会，所以，他们在班级中只是被动地跟他人发生互动，也就是缺少主动而倾向于被动地对别人的友好表示做出反应。

这个研究同时还发现：家庭对孩子的社交行为有无要求，对孩子的社交动机有无强化，都对他们的交往方式有显著的影响。当然这可能和家长本人的社交意识和社交风格有关。对子女提出交往要求的家庭一般来说都是与外界交往较多的家庭，孩子正是在受到家庭与外界交往的影响、父母对交往的督促和强化这双重作用下"学会"他们自己的交往方式的。

既然父母对孩子的交往方式有着较大的影响，应该如何帮助孩子进行正常的交往呢？

1. 为孩子创造交往的机会

有些家长认为，孩子在一起玩是毫无意义地浪费时间，所以孩子想出去找小朋友玩时，家长就会找出一些理由阻拦，有意无意地限制和减少孩子与同伴的交往。家长应该知道，孩子们在游戏中可以学习合作、互助，学习站在他人的角度理解他人，学习如何与他人共同生活。所以，如有闲暇时间，要多带孩子到公园、小区的绿地或亲戚朋友家去玩，鼓励孩子不断适应新环境，多与他人交往。可以让孩子邀请伙伴来做客，同时也要允许孩子到别人家做客，多给孩子创造结交小伙伴的机会，千万不要因为嫌吵、怕乱、怕影响到自己的生活，拒绝孩子的小伙伴到家里来玩。对做客的孩子要热情、温和，尽量为他们营造一个轻松和谐、自主自由的交往环境。

平时，家长应多鼓励孩子参加学校组织的各种活动，如运动会、郊游等；应该允许孩子参加同学间的一些非正式聚会；应让孩子参与家庭的迎来送往、探亲访友等活动。通过经常参加这样的社会活动，使孩子的社交能力得到提高。

2. 消除孩子的交往障碍

教会孩子交往，首先要教会孩子与同学交往。每一个孩子都是班集体的一员，在正常的班级人际交往过程中，孩子们往往有一种集体归属感。心理学研究表明，如果个体的归属需要长期得不到满足，则会造成"归属焦虑"，致使个体情绪低落、焦躁不安，久而久之会不愿意与他人交往，严重的还会造成"自闭症"的产生。而这种归属需要得不到满足的通常是那些学业成绩不理想、家庭经济条件不佳、家庭社会背景不太好的学生，他们往往性格内向、孤僻、偏执、暴躁，在班级人际交往中容易陷入恶性循环的怪圈。对于那些具有交往心理障碍的孩子，若是能够得到同伴的认同、集体的接纳，就会在很大程度上满足其归属需要，改善其交往状况。因此，家长要配合老师使这些具有"交往障碍"的孩子树立起人际交往的信心，消除他们的顾虑，鼓励他们大胆表现自己的长处，积极主动地参与到各种文娱体育活动中去，使他们拥有更多热情活泼的小伙伴。

3. 教给孩子交往的技巧

有的孩子主观上很愿意与人交往，但由于不懂交往中的一些技巧，在交往活动中经常无所适从。交往就是互动，所以，必须要告诉孩子如何与人交往。

首先，指导孩子树立正确的交友观。告诉孩子应该主动与兴趣相同的同伴交朋友，在生活中相互借鉴、相互帮助、共求发展；应该与性格互补的同伴交朋友，取长补短，提高自己多方面的能力；应该与善于交往的同伴交朋友，学习他们热情开朗、待人真诚、富有同情心、乐于助人、上进心强、独立自主、交往面广等优点，从而扩大交往面；应该主动与内向孤僻的同伴交朋友，让他们感到同伴的友谊、集体的温暖，克服以自我为中心、只关心自己不关心集体和他人的缺点，使他们在学习生活中树立起信心，培养责任感和多种兴趣。

其次，培养孩子良好的个性品质。例如，性格开朗、气量宽宏、为人正直、诚实守信，以及自制力、忍让、对人和气、温和可亲等。

最后，帮助孩子调节交往心态。包括紧张情绪的调节、嫉妒情绪的调节、猜疑情绪的调节、急躁情绪的调节、自卑情绪的调节等；鼓励孩子广泛与同伴交往，善于交朋友，建立真诚友谊，真诚关心同伴；学会宽容、诚心赞美同伴，正确对待同伴批评；学会聆听，讲究对话等。

4. 防止孩子产生"自我中心"

"自我中心"是许多孩子思维的一个显著特征。由于"自我中心"的影响，孩子的行为大多从"利己"的观点出发，这与现代社会要求相互合作、相互交流、具有创新精神的人才观是格格不入的，严重影响了孩子与同伴的交往。因此，必须帮助孩子克服以自我为中心，发展利他行为。

孩子的行为绝大部分是从同伴那里学来的，他们通过同伴之间的交往，可能产生认知上的冲突。应用鼓励、赞许、奖励等外部激励方法，强化孩子的利他行为，克服消极的行为。

总之，作为社会生活最普遍、最基本的单位，家庭应该对子女的交往做出积极的引导。在父母的积极引导下，孩子会成长为乐观、活泼、乐于助人、善于社会交往的人。

第三章
好孩子需要耐心的培养

一、 怎样才能让孩子好好学习、天天向上

青少年崇拜运动员、电影明星和歌星，有的甚至达到了如痴如迷的地步。在这样的社会文化氛围中，许多家长会乐于为世界杯加油，而不会和孩子一起读书。在现代家庭中，一进门就可以看到高清电视、高档电脑，但要找到一个收藏书籍的书柜却不容易。孩子们聚在一起时，唱的是流行歌曲，玩的是电脑游戏，谈的是球星、歌星，而很少关注某一部作品或一本畅销书。常常听说某某孩子厌学、逃学，却很少听说过哪个孩子是"书迷"，学习达到废寝忘食的地步。

（一）如何让孩子养成爱读书的好习惯

有的家长认为，让孩子读书是学校的事，学龄前读不读书无所谓。这个观点不利于培养孩子。孩子应何时开始读书才合适呢？专家认为：在孩子学习生字之前，父母就应当做孩子的读书工具，给孩子朗读文章。这是培养孩子对读书感兴趣的基础。但朗读不要太具表演性，因为变换太多的语调会干扰孩子的注意力，使他忽略故事情节。

由此看来，父母肩负的义务和责任远远没有尽到。父母所要做的就是：努力为孩子营造一个良好的家庭阅读氛围，创造让孩子自己选择阅读的条件，培养孩子的阅读兴趣和阅读积极性，养成良好的阅读习惯，教给孩子正确地阅读课外读

物的方法以及选择好书的原则，循序渐进地培养孩子爱读书、多读书、读好书。一句话，就是要采取适宜的方式，培养孩子从小喜欢读书。

要经常对孩子阅读并讲解文章，最难懂的书也可以阅读，并给孩子解释他不懂的地方。叙事文学作品对孩子来说是难题，但叙事文学作品对孩子尤其有益，因为它能让孩子了解世界历史进程的共性。而这种了解是所有教育的终极目的。

除了给孩子阅读外，还应为孩子提供"图画书"。这些没有文字的色彩鲜艳、形象生动的"图画书"，能够让孩子轻易就看得懂画面，也能够轻松地从中发现人物的表情、动作、背景，并将之串联起来进一步理解故事情节。这种"零难度的快乐阅读"无疑大大增强了学龄前孩子对读书的兴趣。

孩子到了学龄，并掌握了许多生字后，就要考虑为他选购一些有益的图书，8至11岁的孩子最好选读一些有图画的书。图画能帮助他们对书中内容的理解，同时，形式简单，能启发孩子思考，从而帮助他们掌握科学知识。这个年龄段的孩子多是小学三、四、五年级的学生，首选的应是一些童话故事书，其次是科学幻想故事书，再次是传奇故事和英雄人物故事书，最后是数学游戏、发明创造、科学知识、动物世界、海洋、旅行、战争、历史、娱乐、诗歌、传记和天文、地理等方面的书籍。他们阅读这类书籍可以从中找到乐趣、增长知识。

莉莎在女儿埃比出生之后，就开始给她读书。最初的时候，还是个婴儿的埃比用嘴咬着书皮，口水都流到书里面去了。然而，莉莎对此并不介意，她甚至让埃比晚上和她的书睡在一块。埃比到了一岁的时候，就爱上书了。她依偎在妈妈的怀里，眼睛睁得大大的，认真地听着妈妈给她读《白雪公主和七个小矮人的故事》。在埃比学会走路之后，就时常手里拿本书，坐在家中养的那条小狗旁边，给狗读书。当埃比上学的时候，阅读已成为他生命中不可或缺的内容。

作家赵丽宏在其散文《永远不要做野蛮人》中不无忧虑地写道："我曾经担心，现在的孩子课外阅读的范围越来越窄，能用于课外阅读的时间也越来越少。很多人已经丧失了阅读文学名著的兴趣和欲望。而与课程和考试无关的书，他们更是难有机会涉猎。这是一个令人担忧，也多少使人感到悲哀的现象。"

事实上，伴随着电子产品（尤其是网络）长大的孩子，他们不但阅读时间和阅读范围日益减少。而且他们的阅读兴趣也随着"读图时代"的来临而减弱，许多孩子甚至养成了排斥文字的坏习惯。他们的课余时间被影（音）像、电子游戏和卡通占据着，阅读在他们的课余生活中只是一种点缀。

许多教育专家呼吁："孩子对文字的冷漠态度就像一种隐形液体，正慢慢渗透到社会之中。当逃避阅读成为习惯，孩子的阅读能力便迅速退化，从而直接影响到他们的成长。"

父母怎样才能培养孩子喜欢阅读文字的好习惯呢？

我们给家长的建议如下：

1. 和孩子一起阅读，让孩子养成阅读文字的好习惯

英国文学史上颇具传奇色彩的勃朗特三姐妹，她们之所以能写出蜚声世界的经典文学巨著。这与她们小时候的阅读习惯密不可分。她们的父母经常陪她们阅读，消遣漫长的冬夜。她们围坐在熊熊的炉火前，共同阅读优美、抒情的文字。春暖花开的时候，她们常常聚集在野外，朗诵自己或别人的诗作。文学的种子自此就深埋在了她们的心底。这正是她们能写出《简·爱》和《呼啸山庄》的源泉。

事实上，书本中只是一些枯燥的文字，家长在给孩子读书时，应该把书读得绘声绘色、娓娓动听，只有这样，才能够保证孩子们聚精会神地听。

2. 在孩子学会阅读之后，仍然坚持给孩子读书

许多专家建议，家长应当在孩子初中毕业之前，一直坚持给孩子读书，尽管这时候孩子早已能够自己阅读。大多数孩子在13岁之前，听力要比阅读能力高。因此他们能够从听家长给他们读书的过程中汲取许多知识。给再大一些的孩子们读书，也利于你向他们介绍一些他们自己不可能去攻读的书籍。

有位母亲曾说:"我尽可能长时间地坚持给孩子们读书,而且有些时候,我还会让孩子们给我读书。马文还是个孩子的时候,就时不时地给我读书。年幼的马文生性活泼好动,有时不能静坐下来听我读书。但后来,自从实行了我们俩轮流给对方读书的方法,他就能够静坐下来,专心致志地听我给他读书,并认认真真地给我读书。当我们阅读詹姆斯·夏洛特的书时,我首先给他读一章,然后就一边做些针线活,一边听他给我读另外一章。我们合作得非常默契,彼此都从中体会到了无穷乐趣。"

家长如果能让自己的孩子爱上读书,那么读书的欢乐将伴随他一生。

3. 让孩子们在阅读的过程中感受到文字的非凡魅力

互联网尽管模糊了时空的界限,让我们的生活更加便捷,但是,对文字的疏远,必然会让我们失去欣赏文字所蕴藏着的深沉的魅力的机会。电子产品和书籍的最大不同在于:电子阅读物缺少了一种富有质感的触摸感,只有纸质阅读物独具一种令人备感踏实的亲和力。静心阅读,以平和的心态在字里行间徜徉,就能不知不觉走进一片迷人的宫殿,那里面的奇幻,会令人流连忘返。

4. 和孩子一起制订阅读计划,指导孩子阅读经典

孩子的阅读习惯应从识字开始,随着孩子识字能力的提高,家长就需要有意识地指导孩子阅读,在全面了解孩子的阅读兴趣的基础上,和孩子一起制订阅读计划。古今中外的文学经典,自然是孩子阅读的首选。让孩子们的心灵与大师们交流、碰撞,让他们深切地感受到文字里所蕴藏着的瑰宝。

5. 让孩子掌握高效的阅读方法,有选择地阅读

诚如作家赵丽宏在其散文《永远不要做野蛮人》中说的:"光有读书的欲望,恐怕还不行,还有一个怎样读书的问题。作为一个读者,我们不应该是一个简单的接受者,也应该是一个思想者,是一个参与者。读书的过程,是欣赏和接受的过程,也是思考和感悟的过程。如果能经常用自己的语言记录读书的感想,那将是一件极有意义的事情。当然，读书的过程，也可能是排斥的过程，因为，并不是所有的书都是有趣的。"

教育家称，孩子们喜欢那些符合他们的口味，适合他们的年龄段，并且难度适宜的书籍。孩子的读物需要多样化。专家建议，在给孩子读书的时候，可以选择各种类型的读物，如报纸、杂志、广告手册、诗集等等。这样做，可以开拓孩子的视野，培养他们广泛的兴趣与爱好。

另外，家长为孩子选购图书时一定要和孩子一块儿商量着买，多激发孩子阅读的兴趣。同时要注意：为孩子选购图书应以不增加孩子课外的学习负担为前提。要教会孩子科学的读书方法，教育孩子注意用眼卫生，形成良好的读书习惯。

如何开发孩子的阅读能力，让孩子从小喜欢读书是许多家长都关注的话题。美国人对孩子阅读能力的开发最早也最富创造性。国际教育成就评估协会的调查结果表明，美国孩子具有比世界其他任何国家的同龄孩子更强的阅读能力。例如：同样是小学四年级学生，能阅读中等难度的成人报纸者在美国孩子中占78%，能阅读难度较高的文学名著者占46%，比国际平均水平分别高出27和21个百分点。此外，美国孩子的阅读面也比其他国家同龄孩子要宽，涵盖了《圣经》、外国古典名著和较浅显的科学理论文章等，而此类较深奥的作品，其他国家的孩子往往要再过至少2年才有能力开始系统地阅读。

美国人如何开发孩子的阅读能力呢？

下面是他们的一些做法和技巧的总结，可供中国的家长参考：

1. 培养孩子的爱书意识

儿童时期的模仿性是很强的，因此父母在教会孩子自己读书之前，就要培养他爱书的意识。在孩子很小的时候，父母就经常让他们高声朗读有趣的书籍。儿童能接触到家中书架上父母的书，尽管这样做会使这些书受到损坏，但却使儿童与书建立了亲密的关系，这非常有益于孩子养成爱读书的习惯。

2. 不限制阅读内容

培养孩子对"广义阅读"的兴趣。早在孩子开始认字之前，每每见到动画片海报，浅显的路标、布告、门牌等等，家长便停下来跟孩子一起阅读。美国人认为，阅读不应限于读书，凡是幼年时期对广义的阅读感兴趣的孩子，长大了自然也会爱读书。

鼓励孩子从小读"杂"书。这就是说，不但读故事性强的童话和小说，也读历史、地理、天文、社会以及和自然科学搭界的书籍。事实上，一个人小时候书读得愈杂，日后的知识面就往往愈广。

3. 家长的责任

及早发现孩子在阅读上的特别兴趣或特别需要，以便提供及时、恰当的帮助。提供给孩子的书籍，必须适合孩子的年龄、迎合孩子的兴趣。

了解并善于总结孩子读书的长处、短处以及兴趣所在，并利用家长会向教师作汇报，目的是帮助教师更有效地对孩子的阅读做出指导。

尽早给孩子订一份适宜的报纸或杂志。尽早给孩子办图书馆的借书卡。

当孩子三四岁时，帮助他办理一个小小的私人图书馆，把书籍编号，以及学会修补破损的图书。

鼓励孩子向小伙伴出借自己的藏书，也允许孩子借阅他人的图书，同时还应强调要好好爱护别人的书籍并尽快归还。通过交流图书，孩子也学会了某些社交技巧。

让自己的孩子在集体环境中学习阅读，让他与同伴一起分享早期集体阅读的乐趣，同时也能提高他们参与阅读的积极性。支持孩子参加"漂流书"活动。所谓"漂流书"，就是要求孩子把自己认为精彩的一本书"传"给小伙伴阅读，再由"第二读者"、"传"给"第三读者"、"第四读者"……

组办诸如"父子读书俱乐部"或"母女读书俱乐部",由大人和孩子共同读同一本书,然后在周末展开讨论。同时鼓励孩子在读到好的篇章时向全家人朗读,以便合家共享。

利用节假日带孩子逛逛书市。宁可少买玩具,也要多买图书。重要的是,让孩子体会到读书不仅是一种学习的手段,而且也是一种消遣的手段。待孩子真正对书籍如对玩具一样感到兴趣盎然时,他便开始乐于以书为伴了。

(二)激发孩子对学习的兴趣

现代家庭的特点,多为独生子女,至多有两个孩子。这个趋势将会一直延续下去。由于父母的宠爱,娇生惯养,往往导致孩子任性,不爱读书。为此,家长应因势利导,采取正确的方法,从小培养孩子读书的兴趣,给孩子一个快乐、丰富的学习人生。

孩子是否爱读书,归根到底是兴趣问题。有位名人说过:"兴趣是最好的老师。"一个对知识抱着浓厚兴趣的人,必然对读书产生热爱。那些学习成绩优秀的学生,无不是热爱读书的人,正是对学习的兴趣,促使他们坚持不断地去学习;不间断地学习,又促进学习成绩进一步提高。相反,那些对学习厌烦的学生,学习必然失败,学习失败又加重对学习的厌烦感,如此形成恶性循环。

有人问,兴趣可以培养吗?虽然兴趣有天生的成分,但大多数都是培养出来的。

小刚的家里管他很严,从小就强迫他学钢琴、背唐诗。最开始,他还有兴趣,可是父亲的要求太严厉了,弹错一个音符、背错一个字,都要受惩罚。这让他越来越怕,只要是学习,无论学什么,他的心里都怕得要命。家里一来客人,爸爸就让他表演弹琴或背诗,他觉得自己就像是马戏团里的动物,每天受苦受累，只是为了表演给客人看，让客人取乐，让爸爸有面子。从很小的时候，他就恨死了来家里的那些客人，因为他们只喜欢看自己装出来的听话样，他们和爸爸妈妈一样，从来就不在乎自己的真实想法。

上中学后，他在报纸上看到一个故事，说有一个小孩，因为妈妈逼她学钢琴，就用锥子扎自己的手。他觉得，那把锥子扎进了自己的心里，自己和那个小女孩一样，都是太苦命了，还不如街头那些要饭的小孩。他对学校的课程一点兴趣都没有，只是习惯了接受训练，脑子里已经习惯性地认为，人活着就必须要受苦，每一门课都是一个折磨人的魔鬼。

他的父母丝毫也没有注意到他的情绪变化。实际上，他们什么时候都没有在乎过小刚的情绪，只知道每天早上6点钟叫他起床，晚上监督他写作业，就像警察看管犯人一样。只要作业或考试时做错了题，家里就一定会有惩罚，或者是免除一个月的零花钱，或者是没收三天的零食。

有一次压力太大了，小刚实在受不了，便对父母大喊：再逼我，会逼出人命来的！那以后，小刚成绩就越来越差，他是彻底不想学了，还经常离家出走，一走就是好几天。爸爸再怎么打他也不在乎，反正已经打疲了。老师再怎么劝，他也不好好学了，还经常扰乱课堂秩序。最后，他被学校劝退，连中学也没有念完。

案例中小刚的经历告诉我们，长期强制性的要求，枯燥单调的学习生活，无计划、无目标的努力，以及频繁的不满与批评，所有这些使孩子的好奇感与学习热情一点点被侵蚀。

兴趣是学习的强大动力，有意识地培养孩子的兴趣，让孩子在自发状态下，自觉地完成学习任务，这种积极的表现，是老师和家长都希望看到的。在这种情况下，孩子会对学习压力有相当强的承受能力，甚至一点都不觉得学习是件"苦差事"，而且学习效果好，记忆力也相对加强。从长远来看，这对孩子的身心健康也十分有利。

事实上，几乎所有的人都知道，学习要有兴趣，兴趣是学生最好的老师。要注意培养孩子的学习兴趣，老师在讲，家长在讲，许多书本也在讲，但真正领会这一点、运用这一点的家长并不是很多。

当您指责孩子、埋怨孩子、督促孩子学习的时候，您只是想要一个结果。这时的您是一位粗暴的家长，因为您根本不知道孩子的兴趣是什么样的。

中国的家长要认识到，兴趣可以帮助孩子节省大量学习时间。大幅提高学习效率，让孩子用更少的时间，换来更好的名次和更多的成功机会。

实际上，一切保持兴趣的办法，都有两个必要的前提——更多自由支配的时间和更大的学习自主性。有的家长会说，我管得这么严，孩子还老是偷懒，如果放手，他就该更不知道学了。这种问题确实存在，所以家长要给孩子以适当地引导，让孩子对学习的兴趣越来越浓。

家长如何培养孩子的兴趣呢？

1. 善于发掘孩子的兴趣所在

现在的家长从孩子一入学开始，就千方百计想让孩子学得好、懂得多，所以连孩子的双休日、节假日都安排得满满的。但自己的孩子是否喜欢学呢？实际上，不顾及孩子的感受，只会使孩子学得非常辛苦、吃力。孩子一旦产生厌倦的情绪，后果可能是极其严重的，甚至会危及孩子对正常学业的兴趣。

2. 家长要充满热情地鼓励孩子的学习兴趣

曾有一位家长让自己两岁半的孩子学绘画，原意是培养孩子的兴趣，可当家长看到孩子把小鸟画成了个大黑疙瘩时，就忍不住说孩子"太笨了，画的是什么呀！"。家长这样的态度对孩子学习的积极性是很大的打击。因为家长是孩子心目中第一个权威的评价者，他们特别渴望得到家长的肯定。可是家长们往往没有意识到这一点，经常毫不负责任地、轻而易举地摧毁了孩子的求知欲。当孩子做得好时，应适时表扬，可当孩子做得不好或者失败时，要先发现孩子有创造性的一面，然后再鼓励他们。

3. 与孩子分享学习的乐趣

要想让孩子对学习有兴趣，父母要先有兴趣，带领孩子一起去寻找学习的快乐。父母开心的笑容是孩子最大的安慰，是支持孩子完成艰苦学业的无穷动力。大多数孩子努力学习，都是为了换取父母的高兴，以成绩作为对父母养育之恩的报答。

4. 陪孩子一道克服困难

当孩子出现厌学倾向，父母不该指责孩子，应该耐心引导，先表扬孩子付出的巨大努力；再告诉孩子在我军的强大攻势下，学习上的敌人已经快要投降了，只要一鼓作气，就可以"打过长江去，解放全中国"。孩子的学习就是一次长征，父母一定要成为孩子长征旅途上的战友，面对学习上的挫折，一定要与孩子一起分担痛苦，并肩奋战。当孩子用自己的努力战胜困难，解出了难题，找到了自己错误的根源时，父母一定要把它看成是大喜事而对孩子多加表扬。

5. 设立学习成就奖

只要孩子能从学习中找到成就感。就给予适当奖励。要让孩子讲清楚，成就感是怎么来的，付出了多少努力，克服了多少挫折。这样可以帮孩子看清楚自己取得的成绩，引导孩子获得更多的成就感，产生更大兴趣。

6. 保持优秀

家长应该给孩子的各个科目都打一个"优秀"，要求孩子努力保持自己得到的"优秀"。只要付出努力、取得进步，优秀就可以保持。不用和别人比，只要和自己比就可以了。这样可以帮孩子减轻心理压力，从容面对学习。

7. 让孩子学会"找快乐"

给孩子布置任务，要求孩子每周都要从各个科目中找到快乐。这可以让孩子留心去寻找学习中值得快乐的事，从而使其保持乐观的情绪，产生学习兴趣。

8. 别人的兴趣从哪里来

让孩子向同学请教，他们的学习兴趣都是怎么来的，吸收一切可以借鉴的方法。要告诉孩子：别人帮你解一道题，只能解决一时的问题，而如果能帮你找到学习的兴趣，就可以解决很多问题。

对于孩子，不要只是让他们去干自己感兴趣的事情，而要努力去培养他们对应该干的事情感兴趣。

我们应该让孩子把握自己的兴趣，而不是让兴趣控制他们。该爱不爱，必受其害。在生活中就有许多这样的例子，如不爱吃蔬菜导致营养不良等。

对孩子学习兴趣的培养，应着重子以下几个方面：

1. 家长要言传身教

父母的读书兴趣对孩子有着潜移默化的影响，那些音乐世家、书香门第等等正是这样产生的。例如，六龄童演猴戏，他的儿子六小龄童的猴戏便登峰造极，正是家庭熏陶的结果。实际上，兴趣教育比强迫孩子去做连家长自己都不感兴趣的事更容易，效果也好得多，所以，培养孩子读书的兴趣，父母的言传身教至关重要。

所谓"言传"就是尽可能早地读书给孩子听并养成习惯。因为要培养孩子读书的兴趣，就得把书的魅力展示给孩子，就像要让孩子吃梨，得先让其看到尝到一样。随着孩子年龄的增长，还要在读完书后进行思想引导，如："书可以给我们打开一扇窗口，发现另一个美丽的世界。""世界上谁的力量最大？有智慧的人。有智慧的人是无法战胜的。那智慧从哪里来？从书里。""将来我们都会变老，无论长得美的丑的，老了大家都差不多，不同的是什么呢？用一生积累智慧财富的人，也就是一生都在读书的人，即使老了，也是美的。"在思想引导之后，孩子自然会更喜爱读书了。

俗话说，身教重于言教。如果孩子平时都不曾见过家长读书的身影，家长对孩子读书兴趣的教育就会大打折扣。如果家长做个酷爱读书的人，孩子看到父母如醉如痴读书的身影（孩子在午夜醒来，发现父母仍在伏案苦读），自然会以父母为榜样。

2. 让书籍成为孩子生活的一部分

让孩子的生活离不开书，是培养孩子读书兴趣的有效途径。

（1）每天念书给孩子听。不论孩子多大，他都可以和家长一起享受读书的乐趣。几个月大的孩子虽然还听不懂家长念的是什么，可是他能从家长柔和的读书声里体会到读书带来的安慰。除了父母之外，家里的亲友和孩子的保姆也都可以念书给孩子听。孩子上小学以后，虽然可以自己读书了，但是如果每天仍能有一段时间和父母一起读书，这种温馨的体验对孩子来讲还是很难忘的。

（2）让孩子及早接触文字。平时不妨将食品包装上的文字指给孩子看，然后大声念给孩子听，让孩子逐渐了解到这些文字符号是有一定意义的。除此之外，将报纸上的大标题念给孩子听，或者在上街时，将广告牌上的内容指给孩子看，这些都是让孩子及早熟悉文字的好方法。

（3）将书摆放在孩子能拿得到的地方。家里的每个房间最好都要有书，让孩子随手就可以拿到。逢年过节，当有亲友要送孩子礼物时，可以让他们将书作为给孩子的礼物。

3. 和孩子一起读书

和孩子一起读书时，首先要考虑的是孩子的兴趣，此外还要考虑到孩子的智力水平和接受能力。书里面的插图也要尽量大而色彩鲜明。孩子的注意力集中时间比较短，因此文章不要太长，最好能一次读完。许多孩子都喜欢一遍一遍地听同一个故事，家长要尽量尊重孩子这个习惯。

孩子常常会主动向家长提出要求，要爸爸妈妈讲一个故事，这个时候往往是和孩子一起读书的最好时机。此外，每天也可以安排一些固定的读书时间，比如午睡前和晚上睡觉前这两段时间就很好。平时和孩子一起外出时，也可以在孩子的小车里或背包里放一本书，遇到排队和需要等候的情况，拿出书来读一读，可以让这段等候的时光很快地过去。

给孩子读书时，要大声。有些家长不太好意思大声给孩子念书，怕自己会念错，其实大可不必这样想，孩子是不会在意父母是否会念错的。如果念的时候能放慢速度，再加上面部表情和一些表现声音的象声词，那就更好了。家长还可以和孩子一起讨论插图中的细节；当故事进入高潮时，还可以故意停下来，问孩子一些问题，例如"小猫为什么跑了呀？"以提高孩子阅读的兴趣。

经常和父母一起读书的孩子，语言能力和记忆力都发展得很快。也许用不了多久，你的孩子就会对你说，他要自己给你"念"书了。面对这种情况，作为父母，除了高兴之外，心理上还要做以下的准备：

一是先易后难。鼓励孩子先从简单的、他早已熟悉的书读起。每次孩子自己读完一个故事的时候，父母要及时肯定孩子，以增强孩子继续阅读的信心。

二是当孩子遇到困难时，保持孩子读书的兴趣是最重要的。在孩子"卡壳"、讲不下去的时候，家长不妨从插图中或上下文中帮助孩子寻找线索，给孩子一些提示。只要孩子能读懂故事的大意，个别地方讲错并没有太大的关系。父母不要急于批评孩子，即使在纠正孩子错误的时候，也要采取耐心和鼓励的方式，尽量让和孩子一起读书的这段时光充满快乐，要避免生硬的"上课"。

4. 发现孩子的兴趣点

要培养孩子的广泛兴趣，鼓励孩子接触多方面的事物，从而获得"广博的知识"。在广博知识的基础上，注意发现孩子的特殊爱好，使其在某一方面有所专长。当孩子做出选择后，要鼓励他保持恒心，不使他半途而废、一事无成。

如果孩子对读书并无兴趣，可以试着以他的其他兴趣为桥梁，把他的兴趣引向书本。例如，让他看一些与他的嗜好、所喜欢的运动有关的或关于某个有个性的人物的书籍。如果孩子的兴趣很罕见，也不要失望，书籍五花八门，什么都有，只要下工夫，就能找到合适的书籍。

5. 因人施教

根据教育心理学家的建议，对不同智商的孩子，兴趣培养也应不同。

对智商一般的儿童，不宜提出过高的要求，应随时注意并尽力帮助其克服畏难情绪，增强自信心，养成迎难而上的习惯。

对智商较高的儿童，应适当增加其学习的难度与强度，经常肯定与鼓励他们取得的进步，激发他们向更高台阶迈进的浓厚兴趣。

对智商低的儿童，要提出符合实际的要求，利用其好强心理，发掘孩子对某一学科的"兴奋点"，并以此作为突破口，使其学习成绩接近或超过智商较高的同学，从而克服自卑心理，培养其学习兴趣。

（三）让孩子养成认真听课的习惯

坐在同一个教室里的孩子，听同一个老师讲课，有的记得牢，有的却记不住；有的学得好，有的却学不好。这是什么原因呢？很有可能就是学生不认真听讲造成的。

事实上，孩子上课不能长时间专心听讲、东张西望，做小动作、吃手、注意力分散，常常充耳不闻，心不在焉，对教师讲的内容不感兴趣，或无法理解老师课堂讲授的知识，记不全或记不住老师口头布置的作业和事情，复述老师所讲内容时，显得语无伦次……这些上课不注意听讲的问题常常困扰着家长。

孩子上课时的这种不良表现，使他们在学习中听与想的环节受到破坏，从而影响了他们对所学知识的理解和接受。一些教师也认为，学生的分化——学习好的和学习不好的，是在课堂上分化的。那些坐在课堂里东张西望、胡思乱想，对老师讲的一问三不知的学生，学习成绩慢慢就会出现滑坡，而那些注意力非常集中、总是跟着老师的思路走的学生，就很容易成为学习成绩优秀的学生。

所以说，上课认真听讲是学习好的第一步和第一习惯。

老师上课时的安排一般都是有规律的，即复习上节课的内容—讲新课—留作业。如果孩子上课时不能认真听讲，老师讲新课时没有听到、听懂，回家写作业时就会出现不懂、不会或做错的现象。这无疑会直接影响到孩子对新知识的掌握。

造成孩子上课不注意听讲的原因，除个别真正患有"多动症"的孩子外，有一些是由于缺少一种重要的学习能力——听讲能力（或听知觉能力）。人的听知觉能力包括分辨能力、记忆能力、理解能力、编序能力和听说结合能力。听讲，是人们获取信息的重要途径，听讲能力的高低是影响孩子能否聚精会神听讲的重要因素。

如果孩子听讲能力差、爱走神，可以尝试着按以下方法训练孩子的听讲能力：

1. 训练孩子的辨别能力。听觉的辨别能力是指接受和辨别各种声音的能力。孩子听觉分辨能力的低下会造成对相差不大的声音产生混淆，进而影响听课的效果。家长可以经常让孩子分辨声音的高低、大小、强弱、音色、声源的方向等，以此来增强孩子的听觉分辨能力。

2. 训练孩子的理解能力。听觉的理解能力是指孩子能辨别声音和了解说话内容的能力。家长要多与孩子交谈，多让孩子接触各种声音，多充实与孩子生活相关的词汇。比如，口头布置任务让孩子完成，对成语故事做判断并回答问题等。

3. 训练孩子的听觉记忆能力。听觉的记忆能力是指接受和辨别各种声音并能保持和复述所听到的各种信息的能力。通过听觉记忆能力的训练，不但可以加强孩子听觉的记忆力和听知觉的广度，减少孩子对较长的听觉信息无法记全等情况的发生，而且还可以促进孩子进行新老知识的联系，产生联想，加强对所学知识的理解力。家长可以选择一些孩子感兴趣的、难度不同的语句，叫孩子认真地听并让孩子模仿表述出来，以此来提高孩子的听觉记忆能力。

4. 训练孩子的听觉编序能力。听觉编序能力是指孩子能将过去听觉所获取的资料以正确而又详细的先后顺序回忆出来，以及将所获取的听觉信息加以组织使之有意义的能力。它对孩子将所学知识有系统地保留下来是非常有益的。通过让孩子听故事并复述出来、顺背倒背数字等可以提高这方面的能力。

5. 训练孩子的听说结合能力。在现实生活当中，听和说总是密不可分的，不会听讲的孩子，说话时总是语无伦次的。听与说的结合涉及孩子对词汇的联想、推理、分析和判断能力。家长可以通过训练孩子学说同义词和反义词、听音乐进行联想、将句子补充完整、听故事、自编故事的结局的形式来训练孩子的听说结合能力。

上面谈的是从训练孩子听说能力着手来解决孩子上课不认真听讲的问题。但是，孩子上课不能认真听讲可能有其他各种各样的原因，并且这些原因有时并不在学习方面。比方说，有的孩子没睡好觉，上课时就显得烦躁不安；有的孩子跟同学关系不好，老担心下了课会受人欺负，有的孩子上课时还想着昨天的精彩电视和电影；有的孩子可能惦记着书包里装的小说，甚至还有一些孩子是生理上有问题。

针对这些问题，专家提出以下建议：

1. 充分保障孩子的睡眠时间。有的孩子不能在课堂上认真听讲，原因之一是由于过度疲劳；有的孩子因为贪玩而导致作业花费时间太长，进而影响了正常的休息。孩子缺少足够的睡眠与休息，自然影响到次日的正常学习。根据科学机构的研究，人长期睡眠不足，就会造成脑供氧缺乏，损伤脑细胞，使脑功能下降。中学生要保证每天 9 小时的睡眠时间，小学生要保证每天 10 小时的睡眠时间。孩子如果睡眠不足，抵抗力会下降，学习成绩会受到很大影响。父母要认识到睡眠对孩子的健康成长的重要性，不能任意剥夺孩子的睡眠时间。让孩子养成定时睡觉的好习惯，是帮助孩子学习取得好成绩的重要"法宝"之一。

2. 帮助孩子做好上课的准备。孩子在课堂上可能因为一件很小的事情，就注意力不集中了，比方说某一门课的课本忘记带了，老害怕老师会来点他的名，一上课就在想怎么躲过这一关，这堂课就上不好了。所以，孩子上学前，家长就应该让孩子做好上课的准备，要督促孩子整理好书包，准备好上课需要的学习用具，让孩子心情愉快地、轻松地去上课，这样孩子就没有后顾之忧。平时，家长对孩子要多一些关心，培养孩子的好习惯，让他们精力充沛、保持良好的状态。

3. 积极与老师配合。教育孩子是学校和家庭的共同责任。家长要及时了解孩子上课能不能认真听讲、注意力是否集中，并经常与老师保持联系。如果发现问题就赶快采取措施，消除各种干扰，使孩子能在课堂上快乐地听讲。

（四）孩子学习偏科怎么办

偏科是个老生常谈的问题，似乎没有什么智能和德行上的大问题，但是却有很大的杀伤力，使人无可奈何地输在水平线下。个人的能力结构有其特点，这是常见的现象，但是现行的考试却要求我们是各科都优秀的全才。这样才相对出现了"偏科"这个说法。

随着年龄的增长，中学生的自主性和自我意识逐渐凸现出来。他们渴望能按照自己的想法去学习、了解这个世界。所以，对于喜欢的课程，他们会表现出较强的求知欲；而对不喜欢的课程，则会表现出较大的反感。他们对部分课程从没兴趣到不喜欢，再到反感……最终成为知识上的"跛脚者"。

李雯从小就对数学的加加减减很头痛，上了初中，面对复杂的公式、概念，更是感觉到没有头绪。在小学时就曾在报纸、杂志上发表文章的她，却从小就因为偏科而被归入差生的行列。面临中考，李雯的父母对她的希望很大。尽管她每天都花费大量的时间在并不感兴趣的理科上，但一次次不理想的考试成绩。却好像在嘲弄她的决心。母亲沉甸甸的期望和不经意间的责备，都使李雯的压力越来越大。为了让李雯的理科成绩有所提高，妈妈请过家教，辅导书更是买了无数，可就是效果不大。

偏科有能力结构的问题，但更主要的是被心理因素所强化。一开始，学生出于本能对熟悉的知识是感兴趣的，而疏远那些不怎么喜欢的知识，但是到了考试时这种疏远便会还你颜色，成绩显然会比较差。于是父母就会来检查、指责甚至辱骂。而孩子就讨厌、生气或者自责。这样的事情发生多了，孩子就对不喜欢、没有感觉的课程产生了心理阻抗。

这种阻抗既有能力上的，自己确实不喜欢、不投入、回避它。但是更多却是心理上的。自己会觉得这是麻烦，父母和老师因此而批评自己，自己也找不到好感觉，心理上也因为焦虑产生负面的暗示：自己是学不好这门课了。或者，自己对父母和某任课老师不满，以此作为对抗的手段；或者，自己希望以此作为引起师长关注的事件，因为自己很寂寞。

一般说来，有缺必有满，有特别的弱点就会有超人的强项。人的能力也呈现舍小处集大成的特点。要告诉孩子，面对弱点在心理上应不回避、不害怕，要正视它们并自我鼓励，从而战胜它们。要让孩子明白，短处和弱点正是自我挑战的机会。

鼓励孩子对不平衡的能力结构"扬长不避短"，保持优势并集中精力攻克短处。假如孩子难以把短处变成长处，能够做到把特点和优势强化。把弱点上升到一般，也是成长的好谋略。

生活中有个关于木桶原理的故事。一个木桶能装下多少水，关键的不是那块最长的木板，而取决于那块最短的木板。尽管说"术业有专攻""条条大路通罗马"。有一技之长，也可以努力在社会上生活得很好。但是，在目前这个应试教育盛行的年代，没有一个孩子可以只凭擅长的一两门功课，就能在社会中立足。偏科会给自己将来的生存和发展带来很大的障碍。毕竟，天才型的孩子还是少数。

目前中小学生学习过程中的偏科现象，可能出于两个方面的原因：

一是兴趣使然。此种兴趣与家庭、学校、社会环境的关系很大。拿家庭环境来说，"体育世家"的孩子喜欢体育，"音乐世家"的孩子偏好音乐等；在学校中，教师的教学艺术及人格魅力也可能使学生偏科。在现实生活中，有些学生喜欢数理化，而对语文、历史、地理等学科一筹莫展，这与此类学生抽象思维能力较强而具体形象思维能力较弱有关，而有些学生则恰恰相反。

二是在中学阶段，一些孩子将中学所学科目分为所谓的"主科"和"副科"，凡升学考试和高考的必考科目为"主科"，其余则统统为"副科"，重视"主科"，轻视甚至忽视"副科"。更为严重的是一些家长还积极支持孩子这种偏科学习。

孩子学习偏科不利于孩子的发展。那么，家长应该怎样帮助孩子纠正学习偏科的问题呢？

1. 要向孩子阐明学习偏科的危害，培养正确的学习动机

中小学阶段，属于基础教育阶段，是为孩子日后成才打下坚实基础的阶段。各年级开设的各门学科都是为了孩子的全面发展、经过科学论证和实践检验而设立的，偏废任何一门课程，都犹如修建高楼大厦时地基缺了几样关键的东西，其后果是很严重的。从未来的工作需要看，日后每个人的工作都将是综合性的，且工作变动很大、很快。

一项工作、一个问题的解决，往往要用到许多领域的知识。培养复合型人才已成为国内外教育界一个公认的目标。要让孩子认识到，要学好数理化，没有坚实的语文功底是不行的，没有结实的身体是不行的，没有艺术细胞和丰富的想象力也是不行的。各学科之间是相互联系、相互渗透的。由于中小学生偏科现象的存在，导致了眼下许多大学生"会说 ABC"（英语好），"会解 XYZ"（理科强），但却写不出一篇像样的文章来，甚至给导师写假条都有错别字，用错标点符号，不懂规范格式，这些人不得不回头再学中学语文。事实证明，许多优秀的科学家，除了具有广博的专业知识以外，还有相当高的文学修养、艺术修养。

2. 激发孩子对"非优势学科"的兴趣

如孩子在理科学习方面取得了成绩，而文科不足，此时可鼓励孩子："你数学学得这么好，语文能不能也学得这么好呢？试试看。"家长平时也可和孩子分析某一篇课文的写作特点，甚至也可"请教"孩子一些语文方面的问题。许多孩子语文不好主要表现为写作不好。此时家长可鼓励孩子写日记，模仿一些名家文章的布局、结构，或购买一些文学名著，订阅一定数量的文学报刊，鼓励孩子向报社、杂志社投稿，参加一些写作比赛，逐渐提高孩子学习语文的兴趣。

3. 家长要有耐心，纠正学习偏科不会一蹴而就

家长要热情地辅导孩子的"非优势学科"，善于发现孩子的点滴进步，及时予以肯定和鼓励，激发孩子对该学科的兴趣，增强其信心。长期坚持下去，孩子学习偏科的问题就会逐渐得到解决。

4. 克服孩子学习上的偏科倾向，但千万不能矫枉过正

在抓孩子其他基础课的学习时，不仅不应限制他们对所擅长科目的学习，还应帮助他们充分发挥自己的优势。俗话说，不怕千门会，就怕一门灵。与孩子学有所长相比平而不尖会更有出息。

（五）为孩子营造一个好的学习环境

孩子离不开父母的培养，孩子的教育是从父母创造的家庭环境中开始的，孩子的各种能力也是从与家庭成员的接触中逐渐得以提高的。在婴儿阶段，孩子通过与家人，特别是父母的接触，不断学习理解他人的意思，并与他人沟通。可以说，父母所创造的家庭环境的好坏，决定了孩子的未来。

为此，父母应营造出欢乐的、充满爱的家庭环境，这是教育孩子的首要条件。夫妻间的相互尊重和帮助，似乎与孩子的教育无关，却是给孩子上的第一课。刚出生的孩子，大脑是一片空白，在每天生活的刺激下，大脑逐渐把外界的信息进行归纳整理，形成自己的智力。良好的夫妻关系，将大大促进孩子的心理健康和智力的发展。

孩子到了幼儿期，就要进一步培养他热爱读书的良好习惯。孩子都具有强烈的学习欲望，对于幼儿来说，学习是一件快乐的事，他们都希望从各种事情中学习。如果能够满足其学习的欲望，就能够培养出优秀孩子。反之，放任这种欲望不管，则其对于周围的环境就会渐渐丧失兴趣、丧失希望而觉得无聊，变成一个对于任何事情都不关心的孩子。

我们知道，犹太民族是个很聪明的民族，为了解释在智力取向的活动中犹太人的优势之谜，人们提出了无数的理论。其中，美国一位作家在书中写道："犹太人家庭是学问受到高度评价的地方，在这个方面，非犹太人的家庭相形见绌。就是这一个因素，构成了其他一切差异的基础。"

据说，在每一个犹太人家里，当小孩稍微懂事时，母亲就会翻开《圣经》，滴一点蜂蜜在上面，然后叫小孩子去吻《圣经》上的蜂蜜。这个仪式的用意是：书本是甜的。古时候犹太人的墓地里常常放有书本，因为"在夜深人静时，死者会出来看书的"。当然，这种做法有些象征的意义，即生命有结束的时候，求知却永无止境。犹太人家庭还有一个世代相传的传统，那就是书橱要放在床头。书橱放在床尾，就会被认为是对书的不敬而遭唾弃。犹太人爱书的传统就这样由来已久，深入人心。这种爱书的传统，造就了一批又一批人类的精英。

犹太民族的这些爱书传统，对我们具有重要的启示意义。那就是，要培养爱学习的孩子，就必须给他们营造一个浓郁的读书、爱书的氛围。

对于孩子来说，他们在学习的时候必须做到"入境"、"入静"，也就是做到目的明确，思想集中，心里踏实，适度紧张。要达到这样的境界，需要家长与孩子共同努力，特别是作为家长，要为孩子创造良好的学习环境。

为此，要给孩子预备固定的学习地点，桌椅位置固定，不能随意搬动。这样孩子容易形成专心学习的心理定势，一进入这个环境，脑子就进入学习状态。桌子上不能乱七八糟地堆放东西，只能放课本、作业本、文具以及必要的工具书，旁边有一个小书架更好。不要放玩具、零食，以免干扰孩子学习。

孩子学习时，家人应尽量保持安静，电视机、收音机最好不开，如果在不同的房间，应把门关好，声音调小。说话不应大声，尤其不要吵架。

家长最好和孩子拥有共同学习的时间。可以约定一个时间全家人同时学习，有的读书，有的看报，有的写东西，这样的家庭气氛最能促进孩子专心学习。

家长尤其要创造适合孩子学习的心理气氛。家庭成员之间互相关心、亲密融洽，是孩子"入境"、"入静"的重要条件。家庭人际关系如果不和谐，经常吵吵闹闹，对孩子是一种心理干扰、情绪压力，孩子会产生焦虑、恐惧、厌烦等心态，无法安心学习。

一颗小苗要有充足的阳光雨露去滋润，周围要有适宜的生长条件，经过很长的生长期，小苗才能长成参天大树。孩子要成为有用之才，除了自身努力外，在学校受到良好教育的同时，还要具备一个文明、和睦的家庭环境。因此，每位家长要有意识地提高自身修养，为建立一个良好的家庭环境尽职尽责。

（六）让孩子远离"开学、学习、考试"综合焦虑症

1. 如何远离开学焦虑症

"开学恐惧症"是一种情绪障碍，主要特点是对学校产生恐惧。它的主要症状是情绪低落、心慌意乱、无缘无故发脾气、浑身疲劳、注意力不集中、记忆力减退、失眠等，有的还有头痛、胃痛等躯体不适症状。

开学焦虑症的主要诱因是"开学"，它会导致学生对学校生活产生焦虑和恐惧，或"唤醒"分离性焦虑、学习适应不良、人际交往困难等不良情绪和行为。前者是由于自己的人格缺陷或对学校和学习过于紧张所致；后者往往是在学校学习或在其他活动上有过挫折和遭受委屈、羞辱的经历。升学压力、人际交往不适应等方面是导致开学焦虑症的重要原因。

学生的开学焦虑症原因不尽相同，表现也各异，主要诱因有分离性焦虑、改换学校重新适应新环境、人际交往困难等。在这其中，相当一部分是因为放假期间作息生活极不规律，每天看电视、上网、晚睡，开学后又要恢复早睡早起，担心自己能否重新调整生物钟；有的在假期里过惯了被照顾的生活，对开学后的独立生活有些不适；还有的学生担心新学期功课太重，担忧学校人际关系等。不仅是中小学生，现在连一些大学生也同样会产生这样的情绪，有的大学生在假期里"疯狂享受"，不喜欢开学，希望能再多放几天假。

据专家介绍，开学焦虑症是一种心理障碍，有关调查显示，有这种情况的孩子大部分曾在学习或其他活动中有过挫折经历。

开学焦虑症有五种易发学生群，即心理素质和适应能力较差的学生、在学校经常受到老师批评的学生、学习成绩不好的学生、对新环境不能很快适应的学生以及一些过于追求完美学业的优秀生。

家长如何帮孩子远离假期焦虑症呢?

(1) 帮助孩子进行积极的心理暗示

意识到并接受假期已经结束的现实。想到可以与同学一同分享假期中的有趣事情;觉得自己已经长大了一些;又能学到更多更好的东西;认为自己将有更成功的一年等等,都有助于其树立信心、放松心情,以接受的心态去迎接新的学期。

(2) 开学一周前开始恢复规律的作息时间

让孩子自觉按时间表睡觉、起床,不睡懒觉,一周左右这生物钟自然就准了。还可以让孩子对假期做个小结,与同学分享假期的趣事,预习新的课程。

(3) 可用参加社会实践活动、去图书馆等方式来充实孩子的生活

平时让孩子注意克制自己,学会容忍和接纳别人,加强相互沟通和交流,增强适应环境的能力。

(4) 加强孩子的身体保养

首先,调整孩子的饮食,让其多吃一些蔬菜、水果和杂粮,适当摄取蛋白质类的食物。避免营养不良或营养过剩。其次,督促孩子适当锻炼身体,让孩子的生理、心理尽快回归到正常的轨道上来。

家长不要对孩子表现出过度的关注、给予过大的压力,应注意营造温馨轻松的氛围。应该帮助孩子及时收心,及时排解孩子的心理焦虑,使孩子在理解、鼓励和支持下积极地迎接新学期的到来。

2. 如何远离学习焦虑症

厌学问题一直是一个令人头疼的问题,最多见的原因是学习压力太大,孩子承受不了,选择逃避。有些孩子在小学或初中学习成绩一直很好,但升入初中或高中后,学习内容、方法、环境等都变了,自己在班上不是名列前茅了,心理上不能承受挫折。这些孩子往往是从小一帆风顺，在家里、学校一直受到家人和老师的喜爱和呵护。没有经历过任何挫折，所以一遇到困难就受不了了。

现在许多孩子只要一提学习，马上变成苦瓜脸，非常痛苦。而很多家长就是弄不懂学习这么重要，为什么孩子却会痛苦，不学习能有前途吗，不学习能有以后的发展吗？于是，在家长眼中，孩子厌学就成了个性上的胸无大志、没出息，成了品质上的懦弱、无能和愚蠢的表现，所以他们更多的是用榜样来鼓励、用物质来刺激。实在不行就指责和棒打。但是目前很多事实说明，这种"黄油加大棒"的做法收效甚微。

场景一：林无眠，初三学生，性格内向，大缺点没有，就是有时性子急躁，爱发脾气，学习成绩还过得去，但老师反映他比较孤僻，不合群，做事缺乏耐心。眼看到了升高中的节骨眼上，他却向家长提出了一个令人不能接受的要求——在家自学。

场景二：泰叶琳，高三学生，一直是班上的好学生，从小学到初中，从初中到高中，一直是老师心目中的"骄子"，让父母很是欣慰。然而。麻烦来自高二的暑假，作为奖励，泰叶琳拥有了一台属于自己的电脑，迷上了电脑游戏，开始是玩一会再学习，后来是有空就玩，接着是挤时间玩，最后是不玩难过。对于学习，他却越来越厌烦，看见书本就头疼，一玩游戏就精神，学习成绩不断下降。

心理学认为，厌学的孩子对待学习有一个痛苦的神经链，他们一想到学习就会感到痛苦。这是一个心理学现象，而孩子的心理为什么会有这条神经链呢？

比如一个孩子刚刚开始学习写字，写错了，或者是算算术题出错了，或者一次考试没考好，成年人就会轻则指责，重则呵斥、棒打，恨铁不成钢。孩子在学习方面能犯多大的错呢？但是，家长因此而生的愤怒和指责却是多么严重，由于孩子一次写错字、一次做错题、一次考了 70 分，就指责孩子没出息、丢人现眼，直接导致其自信心扫地。有的家长不仅仅指责，还有一个鲜明的态度就是："你不许哭，憋着!"……

慢慢地孩子一想到学习，就想起父母的狰狞面目，就想到自己毫无价值、丢人现眼，所以就出现了痛苦的感觉。家长在很多地方为孩子"建立"了一条又一条痛苦的神经链，孩子越来越无法忍受，小的时候隐忍，大了之后就会逃避。人的一个主要的心理特点是，追求快乐、逃离痛苦，成年人和孩子都是如此。不是所有孩子都厌学。爱学习的孩子肯定是从学习中感觉到快乐，厌学的孩子肯定是感到学习痛苦。如何让孩子快乐学习、享受学习，做阳光男孩、阳光女孩，这才是值得每位家长探索的问题。

另一部分压力则来自父母。父母的期望值过高，孩子的心理、身体上的压力大大增加。父母陪读，造成孩子缺乏学习的自觉性，难以领悟学习的方法，难以独立地解决遇到的新问题。他们体验不到独立解决问题后的成功的快乐。

孩子学习目的不明确也会厌学，青春期的孩子开始关心的人生命题是："我为什么学习，我将来成为什么样的人?"由于许多家庭给孩子提供了过于富足的物质条件，孩子在家里从不做家务，从不担心经济上的困难，孩子当然没有要通过学习而改变现状的愿望，现在家里的钱好像都花不完，为什么要学习? 而那些家庭生活条件艰苦的孩子，反而学习目的很明确。同时，由于现在家长的功利性过于强烈，从而使得孩子体验不到获取知识本身的快乐，而只注重别人对自己学习成绩的评价。孩子对知识本身不感兴趣，自然将学习看作是件苦差事。

有些孩子则是由于生病或某种原因在家休息了一段时间，受到了家长周到的照顾，再去学校的时候学业有些跟不上，又不愿意付出艰苦的努力，更愿意在家什么事也不做。家长一方面给孩子提供安乐窝，一方面在精神上一味地要求孩子学习；而学习生活又是那么单调乏味，孩子当然不会选择学习了。如果家长让孩子选择的是学习还是体力劳动，像农村孩子一样，那孩子就会选择学习了。

此外，另一种原因是自己不会学习。不会学习的孩子，学得苦，学得累，学得烦，效果还差。这些孩子往往在学习时不集中注意力，不能把新旧知识联系起来进行学习，不能选择重要的内容而抛开不重要的内容，无法将学到的知识正确、合理地表达出来。由于孩子不会学习，面对日益繁重的课业内容，自然产生厌学情绪。

家长不要把自己未实现的愿望，都寄托在自己的孩子身上来实现。这种做法往往不考虑孩子的具体情况，令孩子产生逆反心理，不利于因材施教。

（1）让孩子健康成长

父母和老师要正确对待孩子。注意循循善诱，对孩子提出学习方面的要求，应注意到孩子的年龄、智能水平，不能马虎，也不能苛求，不能溺爱，也不能放纵，使正在长知识长身体的儿童，从小得到健康的成长。

（2）别使孩子的学习负担太重

要讲究教育方法。想方设法使孩子提高课堂学习效率。课外作业不宜布置得过多，要保证孩子有足够的睡眠时间和一定的娱乐时间。

（3）要帮孩子树立学习信心

要帮助孩子树立克服困难、搞好学习的信心，培养其具有坚强的意志和开朗的性格。这对于防止焦虑症的出现具有十分重要的意义。

（4）有病及时求医

对于已经出现焦虑症状的孩子，若是严重的病例，要进行心理治疗，如支持性心理治疗、行为治疗等。有的孩子还要配合药物治疗，如服用抗焦虑药物等，但这类药物要在医生的指导下使用，不可随便服用。

3．如何远离考试焦虑症

考试焦虑是当前中学生中存在的较为普遍的心理问题之一。据调查，大约有10%～15%的学生对考试存在着不同程度的焦虑，特别是学习基础比较差、性格比较内向、学习方法不够灵活的学生最容易产生考试焦虑症状，甚至会失眠或神经衰弱。

场景一：每次考试，爸爸都会拿着试卷，指点着周周犯错误的地方，训斥他："这里根本不应该错，只要你认真检查，就可以改过来！"批评之后，爸爸就会以各种理由，要求他增加学习量。周周把自己关到房间里，看着书桌上堆着的各种趣味数学啊，概念语文啊，有种要呕吐的感觉。

考试的问题，虽然严重，但周周还算能忍受得住，毕竟考试不是每天都进行的，最重要的考试一年只有两次。

周周最受不了的，是爸爸竟然会到学校，到班级的窗口下，看他是否在认真听讲。

有一天，他正在上课，忽然一扭头，看到爸爸的身影在教室窗外一闪而过。而这个时候，周周手里正握着一个他最喜欢的玩具公仔。周周手足无措地把玩具公仔放回到书包里，脑门上冒出了细细的汗珠。

周周觉得自己病了，一坐进教室，就心慌气短，老师说什么也听不清，总是想往窗外看……他想把学习成绩提高上去，可是却几经努力，都显得力不从心。

场景二：广州某中学的一名高三毕业班女生说，随着开学日期的逼近，她开始觉得梦想遥不可及，一想到如果高考失败，就会很心慌。她的乐观和自信发生了动摇，取而代之的是一种恐慌感和窒息感，想起要去学校就很烦。"我告诫自己尽量让心境保持平静，但根本做不到，自己脖子上就像有一个绳套，自己逐渐用手收紧，已经喘不过气来。"

她说自己经常做梦梦见考试，也经常梦见自己拿着一大堆书等车去学校，可是等了一天车也不来。

考试焦虑是指学生在应试情境下，通过不同程度的情绪性反应，表现出来的一种心理状态。如果焦虑情绪达到比较严重的程度，就可能发展为考试焦虑症。

考试焦虑情绪是一种常见的、基本的心理体验。有考试焦虑情绪的学生大部分会感到不同程度的学习困难，记忆力下降，精神难以集中，注意力易于分散，思维似乎停滞。记得很熟的单词怎么也想不起来，面对题目看了多遍，却不知是什么意思。生理上则容易疲倦、失眠、多汗、厌食、心跳加速、头脑混乱，甚至引起神经衰弱。

产生考试焦虑的原因一般有以下四个方面：

第一，不能正确对待考试，担心考试不及格。这类学生主要是基础比较差，学习比较吃力，学习方法不当，把考试看得过于严重，如果考不好，如何向父母、老师交代，如何面对同学？以及这次考试是否会从此决定命运……由此，思想上产生压力，又因压力超过心理负荷而造成过度紧张。

第二，疑虑考试失败。学习好的同学在心理上总想保持住自己原有的优势，担心保不住原来的名次。在心理上出现了自责、自卑和难以服气的精神压力。于是背着思想包袱，每当考试时就会自然产生种种想法，诸如担心再次失败的焦虑情绪等。

第三，外部压力大。在考试成绩上，老师父母对学生的过高要求，也是造成心理压力的主要原因。有的学生怕考试出错，把考场纪律也视为一种精神上的"压力"。考试时，明明自己在思考着问题，却不知不觉地担心自己是否违纪了，造成心理障碍。

第四，大脑休息不足。有些学生为了考试拼命复习功课，以致睡眠不足。如果再不注意营养和睡眠，心身需要的能量得不到及时补充，也同样会陷入焦虑之中。

一些患有考试焦虑症的学生，即使到了成年，也时常被考试的噩梦惊醒，造成考试焦虑症的普遍原因是考前准备不足，"心里没底"造成考前紧张，甚至连自己会的题目也会张冠李戴。其次，敏感、缺乏自信的学生容易产生考试焦虑症。另外，一些学习成绩较好，但过分看重考试成绩的学生，也会产生紧张情绪。

家长如何帮助孩子远离考试焦虑症呢?

(1) 帮助孩子提高自信

告诉孩子:无端的忧虑与苦恼,对当前的复习有百害而无一利。当前最重要的是按照复习计划有条不紊地进行,扎扎实实做好各种准备,这才是自己应取的态度。这样让孩子针对每一种担忧,自己与自己辩论,以提高其自信心。

(2) 帮助孩子通过控制呼吸缓解焦虑

具体做法是:保持坐姿,身体向后靠并挺直,松开束腰的皮带或衣物。将双掌轻轻放在肚脐上,要求五指并拢,掌心向下,先用鼻子慢慢地吸足一口气,大约数四个节拍,然后慢慢吐气,也用四个节拍,每次连续做 4~10 分钟即可。也可以闭上眼睛做,边做深呼吸边想象一些美好的情景,效果会更好。除了在安静的环境中进行深呼吸外,也可以在看电视、走路、临考前去做。

(3) 让孩子学会肌肉放松

所谓放松,是指努力体会肌肉结束紧张后的舒适、松弛的感觉,比如热、酸、软等感觉。可以在早晨醒来和夜晚睡觉前各做一遍。

头部放松:用力紧皱眉头保持 10 秒钟,然后放松;用力闭紧双眼,保持 10 秒钟,然后放松;用舌头抵住上腭,使舌头前部紧张,保持 10 秒钟后放松。

颈部肌肉放松:将头用力下弯,努力使下巴抵达胸部,保持 10 秒钟,然后放松。

腹部肌肉放松:绷紧双腿,并膝伸直上抬,保持 10 秒钟,然后放松;将双脚向前绷紧,体会小腿部的紧张感 10 秒钟,然后放松……

此外,还有肩部、臀部、胸部等肌肉的放松。

(4) 引导孩子大胆想象

人的想象具有暗示、补充、预见功能。考试前通过对一些广阔的、宁静的、舒缓的画面或场景的想象，可达到放松身心的目的。这些画面和场景可以是田园风光、海上日出、轻舟飘荡……

（5）消除给予孩子的错误暗示

一是坚决杜绝用"完了，孩子糟糕透顶了……"这类消极语言暗示自己或者孩子；二是消除孩子大脑中的错误信息，如"没有考好，老师会另眼相看"、"爸爸、妈妈会受不了"等。告诉孩子：不应过于顾虑失败的后果，应该用"我努力了。我问心无愧"、"我能成功"等话语宽慰放松自己。

让孩子正确看待考试，学会放松自己的心情，劳逸结合，不要忘了进行跳绳、踢球等一些有益的体育运动。

二、怎样才能让孩子有志向、品德好、自立自强

理想就是人生的奋斗目标，是对未来生活的追求，是对未来社会的向往。孩子最富于理想，最有雄心壮志。作为父母，要爱护孩子那天真、纯洁的向往未来的美好理想，并促使他们为理想而努力奋斗。

（一）对孩子适时进行理想教育

对孩子进行理想教育是家庭教育的有机组成部分，历来为古今中外教育家和有识之士所重视。"孟母三迁"、"断杼教子"，可以说是家喻户晓的理想教育典范。

那么，现代家庭如何对孩子进行有效的理想教育呢？

1. 及时向孩子提出理想要求

教育孩子的目的，就是开发他们的智力，培养他们成才，然后服务于社会，为社会创造财富。为此，必须适时对孩子提出理想方面的要求。

作为家长，在向孩子提出理想要求时，要由浅入深，分层次进行，不能期望太高。比如，中学时期的孩子已积累了一定的文化知识，个性逐步得到发展，兴趣爱好也已产生，这时家长应该从他们的爱好和感受出发，多考虑其个性的发

展，帮助他们树立带有职业性质的理想。如果孩子是绘画爱好者，那么就应多从绘画这个角度提出希望，并视其潜能确立期望值的高低：潜能小的就鼓励他多描摹景物、人物；潜能大的就鼓励他做个画家；这是第一层次的理想要求。接下去，家长就要使孩子个人的理想与社会的需要挂起钩来，提高到更高层次，即具有强烈的事业心和使命感的社会理想。就以上例来说，家长不能仅仅停留在期望孩子为当画家而发愤练习，而应该教育他懂得学画是为了弘扬人类文化，从而使他更自觉地从社会的要求出发来鞭策自己为理想而奋斗。

2. 对孩子进行正确引导

有关专家认为，青少年理想发展大致可分为 4 个阶段：一是理想发展的准备阶段。其特点是孩子把家长的、老师的要求当作自己的理想；二是生活理想阶段。是孩子最早独立思考的理想，是自己在活动中产生了兴趣而憧憬的理想；三是职业理想出现和开始发展阶段。随着兴趣的发展，孩子逐步培养起某种爱好。在这个基础上，逐步产生对某种职业的向往；四是社会理想发展阶段。这是孩子抽象思维能力发展到一定水平并有了一定的社会经验的必然结果，它往往同个人职业理想相联系。

不过，上述理想发展的 4 个阶段并不是截然分开的。比如，第三阶段孩子的理想多是从本人的爱好和感受出发。从个人的发展出发，很少认识自己对社会的责任。因此，家长就要有意识地把信仰的引导提到教育日程，用科学的信仰帮助孩子从职业理想过渡到正确的社会理想。

3. 重视理想的个体差异

孩子理想的发展水平，也存在着个别差异。男孩子与女孩子的理想就不一样，就是在同龄孩子中，其理想一般也有 4 个层次：一是具有崇高理想并在努力为之奋斗；二是好高骛远，不切实际；三是讲究实惠、追求金钱；四是没有理想。

造成理想水平个体差异的原因很多，但概括起来不外乎主观和客观两方面。为此，家长在进行理想教育时，必须根据孩子的个体差异，因人而异、因势利导。家长要经常观察孩子有什么样的理想，然后采取针对性教育方法，从不同角度进行理想教育。

从前面提到的 4 个不同层次的理想来说，如果孩子有了崇高的理想并在为之奋斗，那么家长应以鼓励为主，并积极帮助孩子解决在实现理想过程中遇到的困难。如果孩子的理想好高骛远，不切实际，那就应多同孩子谈谈这种不能实现的理想对人生发展的害处，教育孩子既要树立远大的理想，又要把远大理想建立在现实的基础上，培养孩子正确的理想观和人生观。如果孩子的理想只讲实惠，家长就要严肃指出这种理想对人的消极作用。同时，要明确提出健康的理想目标，引导孩子树立正确的理想。如果孩子没有理想，家长就要多讲一些伟人为理想而奋斗的事例，激励孩子迸发出理想的火花。

4. 利用感情因素培养孩子的理想

孩子正处于青春期，是情趣、情感最丰富多彩的时候，家长要紧紧抓住这一特点，运用情感因素来做好理想教育。有些家长看见孩子情绪激动、情感亢奋，就视之为不稳重、没有出息，这是错误的。事实上，这种情感正是树立崇高理想的必要触媒。这里不妨以鲁迅为例。青年时期的鲁迅在理想上的三次认识转变也足以说明情感触媒的作用。第一次是他父亲死于误诊，使他产生学医济世的念头；第二次是在日本学医期间，他在影片上看到一大群中国百姓竟以欣赏自己的同胞被列强砍头为乐事，使他痛感救国的根本不在医，而在于唤醒民众，于是他又弃医从文；第三次是蒋介石在 1927 年制造"四·一二"惨案后，他亲眼看到自己的学生惨遭杀害，这使他痛心疾首，从此抛弃进化论，逐渐走上共产主义的道路。

所以说，要使孩子形成远大理想，推动理想发展，必须发挥情感作用。把情感放在第一位，是因为没有情感的触动就很难打开孩子的心扉，从而难以进行沟通。家长对自己的孩子，特别是对缺乏理想的孩子，要多在他那平静的心境里注上一些"催化剂"，以激起理想的波澜，使其在情感的不断刺激下产生和增强对祖国前途、人类命运的信心。

（二）孩子的良好品质需要从小培养

一个成功的人，必然是品德、健康和才能的结合体。教育孩子不仅要发展他们的智力，同时要培养他们的优良品德。正如智力的培养需要从孩子一出生就开始一样，孩子的优秀品德也必须从摇篮时就开始熏陶，越早越好。一位专家认为："孩子的道德教育应从摇篮时期开始，因为当今社会所缺乏的不是头脑而是品德。"

对于孩子品德的教育，父母的作用非常重要。因为父母是陪伴孩子的第一人，也是时间最长的人，他们的一言一行都成为孩子模仿的对象。因此说，不注意培养孩子品德的父母，是没有尽到做父母的责任的。

孩子的心灵是一块奇妙的土地，播上思想的种子，就会获得行为的收获；播上行为的种子，就能获得习惯的收获；播上习惯的种子，就能获得品德的收获；播上品德的种子，就能得到命运的收获。因此说，孩子的命运掌握在父母的手中。父母要严格要求自己，作孩子的表率，努力培养孩子好的品德，为开拓他们的美好前程积极创造条件，同时也就使自己成为一个伟大的人。因为世界上再也没有比伟大人物的父母更伟大的了。父母的行为要非常的小心，因为孩子是父母的影子，是父母的翻版。比如，母亲喜欢化妆，女儿也必然是爱打扮的。母亲是个长嘴妇，女儿也不例外。同样，父亲好喝酒，儿子也会喝酒，父亲管不住自己的嘴，儿子也会如此，这已成为社会上的定律。为了培养孩子的品德，父母的行为要谨慎，应处处作孩子的表率，孩子好的行为或坏的行为都是父母教育和影响的结果。

美国总统林肯，5岁时已是一个很勤快的孩子，成了父母的好帮手，凡是提水、劈柴乃至下地锄草都逐渐驾轻就熟，带个口信、跑个腿更是不在话下。

林肯的母亲南希是一个性格善良、甚至有些羞涩的妇女，她在决定事情时由于胆小，通常是不采取主动的，但是林肯5岁时，她突然变得胆大起来。

"孩子必须上学。"她说。

林肯的父亲托马斯开始反对："读书对于像我们这样的人家是无关紧要的。另外，你需要他们在家帮忙，他们很快就是个好帮手。"

在善良的母亲的坚持下，姐弟俩都进入学校学习。

童年的林肯，常常会因遇到了什么奇事或听到了什么奇谈而兴奋得两眼发光："妈，你有没有发现这条小黄狗在路边叫得可怜，它有只腿断了。爸说，我们可以用木块把它固定起来。我叫它哈尼。爸说如果你同意的话我可以把它喂养起来。"

善良、正直、富有同情心的南希从儿子的言行里由衷地感到了欣慰。

一次，小林肯拉着母亲的袖子，天真地问："妈，什么样是解放，它是什么意思？"

南希屏住了气，用目光注视着儿子："解放，意思就是自由。你知道自由是什么意思吗？那就是一个人属于自己而不像奴隶一样属于别人。"

孩子严肃地点点头。

"这是每个人应当有的权利，不管是什么肤色。这一点一定不要忘了。"

南希心里轻松了。虽然她无法确知这番话对这个幼小孩子能产生什么影响，后来的历史却证明，她的这番话对于这个孩子心灵的震动是无法形容的，足以影响一个国家的进程。

正是南希对小林肯的品质教育，使他长大后成为美国历史上最伟大的总统之一。

（三）从点滴做起，培养孩子的文明礼貌

礼貌是人与人进行交往的良好习惯和方式，反映出良好的社会秩序，是人际交往的道德水准。

礼貌，是对一个人最起码的礼仪要求，是人与人之间正常交流的通行证，是人的内在品质的具体体现。

人与人之间互相观察和了解，一般都是从礼仪开始的。一个举止优雅、彬彬有礼的人，更容易交到朋友、找到工作。试观天下那些明智的和有礼貌的人，他们都非常谦虚谨慎，从不装腔作势、装模作样、夸夸其谈、招摇过市，他们正是通过自己的行为而不是言语来证实自己的内在品质。

一个有教养的孩子必须有礼貌。这样的孩子才受人欢迎，按心理学上的说法，也就是"被众人接纳的程度高"。

楚楚的爸爸妈妈用一种积极、鼓励的态度，让孩子更有礼貌。楚楚同妈妈一起上街，在过马路时，楚楚看见一个老爷爷行动不便，便主动扶着爷爷走过马路。之后，他们有这样的对话："楚楚。你注意了没有?"妈妈叫住了已经走到前面去的孩子，"旁边的叔叔微笑地看着你，后边的阿姨向你投来赞许的目光，路边的那位小妹妹还向你竖起了大拇指!"

楚楚一心扶着老爷爷过马路，哪能注意到这些呢?

"楚楚。为什么这么多人都夸奖你呢?"妈妈适时地诱导着。楚楚没有回答，但从她的微笑中，妈妈明白：孩子已经知道，受别人夸奖的原因是她扶老爷爷过马路。

楚楚只是做了一件很小的事情，细心的妈妈就通过这件事情与孩子一起寻找原因，进而让孩子领悟到良好行为规范的价值。

楚楚同爸爸一起去买东西。爸爸在轻松、愉快之中让楚楚养成更好的礼貌行为。"阿姨，请换一杯酸奶，好吗？"楚楚踮起脚，笑眯眯地请求阿姨。楚楚很快拿着换回的酸奶来到爸爸身边。"楚楚，你后边的那个叔叔也换酸奶，阿姨没有像对待你那样痛快地换给他，你知道这是为什么吗？"楚楚摇了摇头，她没有注意到后边的叔叔。

爸爸告诉楚楚：那位叔叔没有礼貌，楚楚在换酸奶时用了个"请"字，所以，阿姨愉快地答应了楚楚。楚楚的爸爸着眼于关注孩子成功行为、正确行为，对此有目的、有重点地诱导。另外，当楚楚出现不礼貌行为的时候，父母便与她一起分析原因，逐渐地在她脑中形成讲礼貌的"条件反射链"。

父母要从积极的方面，去帮助孩子关注成功，关注良好结果，去帮助孩子分析成功的原因，分析导致良好结果的原因。每个孩子的身上都会有闪光点，特别是父母具备较好的礼貌行为时，孩子会表现得更优秀。

许多家长由于忽视了对孩子的个人修养教育，致使孩子说脏话成了习惯。也许孩子口中飞出的污秽之语没有任何针对性，似乎也未给任何人造成心灵上的伤害，但脏话毕竟刺耳，会破坏一个人的形象，同时也会妨碍正常的人际交往。试想，谁会喜欢和一个不讲礼貌、满嘴脏话的孩子做好朋友？

古代教育家孔子说："出辞气，斯远鄙倍矣。"其大义是说话时应注意言辞语气，避免粗俗和污秽。同样一句话，用不同的语气和语调说出来，效果则会大相径庭。与人交流，语气温和，语调平稳，往往会给人留下美好的印象。当孩子很小的时候，家长就应该给孩子灌输常用的礼貌用语，比如：请、谢谢、对不起、没关系、别客气、您早、您好、再见等。

世界上许多国家、许多民族都特别重视孩子的文明礼貌教育，对那些不讲文明礼貌的人甚至会给予严厉的惩罚。在第 15 届世界杯足球比赛期间，德国著名球星艾芬伯格因为对观众做了下流的手势，被该队主教练福格茨当即开除，遣送回国。而在美国东部新泽西州的小镇拉瑞顿，其市议会通过反复研究，最后一致通过了一项法规，规定当地居民不得使用"粗鲁、鄙俗、猥亵、下流"的不礼貌用语。如果谁违反了这条规定，便会收到传票，并可能被处以 500 美金的罚金和三个月的监禁。

文明礼貌是现代人必备的基本素质之一。家长完全可以通过自己的言行潜移默化地影响孩子，把孩子培养成一个讲礼貌、懂文明、有教养的人。

培养孩子文明礼貌的习惯，要从一点一滴做起。父母可以从以下几个方面入手：

一是父母要为孩子树立榜样

古语说："己正而后能正人。"作为父母，若要让孩子礼貌待人，首先自己要做出表率。父母对孩子的影响最直接、最深刻。父母的身教是对孩子最生动、最实际的教育。父母应充分利用家里来客的有利时机提醒孩子，给孩子示范，使孩子在亲身体验和实践中理解文明、礼貌、热情的含义。通过父母的行为潜移默化地影响孩子，使孩子在耳濡目染的环境中逐步形成礼貌待人的品德。

二是讲清道理，少斥责

孩子的自律性比较差，即便是那些乖孩子也会有不乖、不讲文明礼貌的时候。当家长发现孩子说脏话，或者行为粗鲁无礼时，一定不要仅仅只是简单粗暴地加以制止，而是要耐心地给孩子讲道理，告诉孩子为什么不能那样说话、做事。比如，当你发现你的孩子在饭桌上打饱嗝的时候，你不要只是大声呵斥他"太没有教养了"，而是要告诉孩子"这种行为太没有礼貌了，应该有意识地控制，实在控制不了，应该向大家说对不起"。

三是发现问题就立即解决

培养孩子讲文明、有礼貌是一个循序渐进的过程。家长不能要求孩子在一夜之间就变得彬彬有礼。当家长发现自己的孩子不习惯用敬语时，应立即加以矫正，直到孩子养成了说敬语的好习惯为止。家长切不要把孩子的许多问题都集中起来，试图突击解决。正确的做法应该是发现一个问题就立即解决。

四是明确对孩子说出家长的期望和要求

家长应该和孩子多谈心。明确告诉孩子希望他能成为一个有教养的好孩子。告诉孩子哪些言行是文明礼貌的，哪些言行是粗鲁无礼的。让孩子明白文明礼貌的重要性。和孩子外出的时候，当看见有人在大街上打架或吵架时，家长应该立即告诉孩子，这种行为严重影响了社会公共秩序，是不文明的。当孩子在家里特别闹腾的时候，家长可能非常生气，但一定要控制住情绪，尽量避免对孩子大叫大嚷，而是要语气平和地告诫孩子，"希望你保持安静，爸爸妈妈需要休息"，或者说"你的动作应该轻一些，别影响楼下叔叔阿姨的休息"。

五是要帮助孩子掌握必要的文明礼貌常识

文明礼貌常识包括两方面的内容：语言和行为。

文明礼貌语言要求不说粗俗的话，日常用语包括"您好"、"早上好"、"见到您非常高兴"、"欢迎光临"、"晚安"、"再见"、"欢迎再来"、"对不起"、"没关系"、"谢谢"、"请"等等。

文明礼貌行为包括交往行为和环境行为两种。交往行为包括见面或分手时打招呼、握手，与人交谈时眼神、体态和表情要体现出对对方的尊重。与别人说话的时候要用眼睛看着对方，这也是一种礼仪，如果与别人说话眼睛却看着旁边，这是一种不礼貌的行为。

文明礼貌的环境行为要求遵守公共秩序和社会公德，如爱护公共卫生，不随地吐痰，不乱扔纸屑果皮；穿着朴素大方整洁，头发干净整齐；不打架骂人；待人态度热情和蔼；遵守交通规则；乘车时主动购票，给老、幼、病、残、孕妇及师长让座，不争抢座位；购物时按顺序；爱护公共设施、文物古迹；观看演出和比赛时不起哄，做文明观众，等等。

有些家长认为，现代社会是个自由的社会，懂不懂礼貌没关系，只要学习好、有真本事就行了；还有些家长则认为，小孩子天真无邪，长大了就会懂得礼貌的。其实，这些都是误区。一方面，礼貌要从小培养，让孩子从小形成良好习惯，否则就会形成坏习惯，一旦形成坏习惯，再改就很难；另一方面，越是懂礼貌的孩子，就越能获得自由发展的广阔天地，因为他会受到他人的尊重和欢迎。

那么，应该怎样来培养孩子讲礼貌的习惯呢？

1. 要为孩子树立榜样

孩子的礼貌行为来自于对父母以及成人的学习和模仿。所以家长首先要注意提高自身的修养，使用文明的语言，在家庭中不要讲粗话、脏话，家人之间多使用礼貌用语，说话要和气。如果家长尊重老人，每天早晨起来向老人请安问好，孩子自然会敬重爷爷奶奶，对爷爷奶奶有礼貌；如果家长有事去找别人时先敲门，经主人允许后再进屋；如果不小心碰了别人，就主动向对方道歉，孩子遇到类似的情境，就会模仿这种好习惯。

2. 净化孩子的语言环境

孩子不文明的语言一般都来源于周围的环境，要想让孩子成为一个文明礼貌的人，首先要净化孩子周围的语言环境。

当父母发现孩子说脏话时，要找出他说脏话的"根源"，尽量让孩子远离或少接触那种不良的环境。比如，父母可以有意识地限制孩子与经常说脏话的同学来往，也可以和教师取得联系，借助老师的力量促进其他孩子养成文明礼貌的习惯，还可以和孩子同学的父母取得联系，一起帮助孩子养成文明礼貌的习惯。

3. 培养孩子注重个人礼仪

父母要有意识地向孩子强调注重个人礼仪的重要性。所谓"站有站相，坐有坐相"，就是说，人在举手投足之间表现出他的修养。一些人很少说话，但通过他的举止却能让人感受到他的人格力量。从某个角度看，训练孩子"坐如钟、站如松、行如风、卧如弓"，不只是健康教育，同时也是行为教育、形象教育。父母都希望自己的孩子举止端庄、大方、文雅，希望他们有展现自己个性的音容笑貌和举止。

教育孩子保持仪容仪表的整洁，要把脸、脖子、手都洗得干干净净，勤剪指甲，勤洗头，早晚刷牙，饭后漱口，注意口腔卫生，经常洗澡，保证身体没有异味。衣着要干净、整洁、合体。在与人交往时要面带自然微笑，千万不要出现随便剔牙、掏耳、挖鼻、搔痒、抠脚等不良习惯动作。

教育孩子使用文明礼貌用语。我国在儿童中推广学用"十个字"的训练是一个创造。"请、您好、再见、谢谢、对不起"这十个字虽然简单，却集中了礼貌用语要表达的全部内涵，即对他人的尊重、关心、热情、谦让。父母一定要训练孩子经常地主动地使用这些字，成为他们的语言习惯。

4. 要求孩子礼貌待客

每个家庭都会有客人来，父母要试着让孩子学会以主人身份招待客人，礼貌待客。

在见面前，家长要先告诉孩子"待会儿会见到什么人"、"要如何称呼"，以及"该说什么"，让他有心理准备，甚至可先练习一下。见了面，要给孩子留时间，而不是大人忙着说话。如果发现孩子还没和对方打招呼，不要急着催孩子，应该鼓励孩子把先前练习过的说出来，如果真是害羞，一时怯场，让孩子点点头，笑一下也可以。

客人进屋的时候，教育孩子主动帮助客人放衣物，请客人在合适的位置落座；主动送上客人想喝的饮料，递接物品要用双手；孩子主动、大方地与客人交谈，不要拘谨，让客人感到像在自己家里一样。

在客人要走时应礼貌挽留，要说"您再坐一会儿"、"再喝杯茶吧"等；要送客人一段距离后才说"再见"、"有空常来"。

5. 及时纠正孩子的不礼貌行为

当孩子打断别人谈话时,要先心平气和地告诉孩子,打断别人的谈话是没有礼貌的行为。但也要谨守原则,千万别在孩子插嘴时回应他的要求,否则他会不断重复这可得逞的行为。在谈话告一段落后,要主动问孩子:"你想做什么,我现在可以来帮你。"让孩子明白,这时候才能听他说话,满足他的需要。

有的孩子在公共场所吵闹不休,解决这一问题,关键是要在外出前先告诉孩子,外出的目的是什么,让他知道会发生什么事。出门前,要先跟孩子说好规则,确定他已经听明白,并问他是否能遵守。到了外边,这些规则一旦被打破,家长要耐心地提醒与纠正,直到孩子遵守。同时,家长也要坚持自己的原则,例如,孩子在超市奔跑吵闹,屡劝无效时,可问他:"你是要安静下来,还是要离开?"如果孩子不听劝说,就冷静地带他回家,千万不要舍不得选好的物品。让孩子明白,除非在公共场所表现适宜,否则不能再出门。下次出门前,可再和孩子谈一次,是否了解这些规则,能不能遵守;如果不能,就把孩子托给其他朋友,大家按需轮流外出购物,这样也能让孩子学会自我控制。

如果孩子说出"你是个笨蛋"、"叔叔,你的嘴巴好臭"、"妈妈,这个女孩儿好丑"等令人沮丧的话,家长要做的是持续教导孩子,引导他做出正确的反应。因为,当孩子再大一点时,需要学的不再只是"请"和"谢谢",而是应以正确的态度处理和成人的关系。

如果孩子在婚宴上当着新娘面说她很丑,妈妈可在事后告诉孩子,不一定要当场把所有对他人的感觉讲出来,如果只想说给妈妈听,附在耳边说就可以了。

要教孩子将心比心,体会别人的感受与反应,可问孩子:"如果别人也这么说你,你会不会很难过?如果会,就不要这么说。"也要提醒孩子,常常说这种话会得罪人,没有人喜欢跟他做朋友。建议孩子使用文雅有礼的语句,这样会比纯粹的斥责有效得多。

（四）独立性决定孩子能做什么事

父母爱自己的孩子是正确的，但是不能事事都替孩子做，要培养孩子自己做事的习惯。

平时应该给孩子提供一些独立做事的机会，不要老是包办代劳。要知道，你越是担心孩子，他愈是无法独立。

妞妞每天都会因为妈妈上班而哭鼻子，只要看到妈妈拿包出门，就抱着妈妈不让走。

一天，妈妈急着上班，却又被妞妞发现了，妞妞哭闹："不让妈妈走，不让妈妈走！"妈妈拿起一个洋娃娃递到她手里，对她说："妈妈一会儿就回来了，你先喂饱这个娃娃好不好？她还没吃饭呢！"妞妞根本听不进去："不，不，我不要妈妈走！"接过洋娃娃，将洋娃娃摔在了地上。"再不走，妈妈就要迟到了，快找奶奶去。"趁奶奶过来抱妞妞时，妈妈赶紧出了门。

每天如此，妈妈多么希望妞妞能对她说"妈妈，你去上班吧，我跟奶奶玩"。可什么时候才能实现呢？

妈妈开始刻意培养妞妞的自立能力。

都在家时，妈妈让妞妞一个人玩，但保证妞妞可以常看见自己。这会使妞妞在妈妈不在家时想到：现在妈妈不在，过一会儿会回来的，等着吧！

早上，妈妈会早早起床，做好上班的准备后，再和妞妞玩一会儿她感兴趣的游戏。在孩子一个人玩得高兴的时候，和她再见，并微笑着轻柔地说："一会回来和你玩。"回来时，妈妈会对妞妞说："我回来了，你玩得高兴吗？"

同时，妈妈尽量让妞妞多和爸爸玩，因为这样，她就慢慢会和更多的人接近了。

其实，孩子依赖父母，本是正常的现象，但是过分的依赖，例如寸步不离、缠人、不肯自己完成一件事等，则属于不正常，会使他今后不能离开父母或家人的照顾去自立生活。时下一些孩子的依赖性特别严重，许多父母看不到孩子这种依赖性的危害，忽视了培养孩子独立工作的能力，这对孩子将来处世做事是没有好处的。

爸妈工作忙，乐乐一直跟爷爷奶奶一起生活。如今，奶奶病了，乐乐又和爸爸妈妈住到了一起。

妈妈尽力事先替乐乐做好一切，但偶有"疏忽"，就会被弄得手忙脚乱。昨天妈妈加班回来已经很晚，忘了把乐乐第二天要穿的衣服准备好，今早乐乐醒来后就冲着正在厨房忙碌的妈妈喊："妈妈，今天穿哪件衣服？""妈妈，穿哪条裤子？""穿哪双鞋？""过来帮我系鞋带。"……

无奈的妈妈在感叹孩子长不大的同时，开始注意适时让孩子做力所能及的事，多承担一些能承担的责任。慢慢地，乐乐学会了洗自己的手帕，学会了收拾自己的床、抽屉，甚至学会了把自己要穿的衣服整齐地摆放在床前……

孩子小的时候，需要父母的照顾和保护，父母负有监护的责任。但是，不能让孩子养成依赖他人的不良习惯。要知道，在这个世界上，没有人可以依赖别人生活一辈子。

造成孩子依赖性强的原因，是大人们过分的溺爱。因为周围的人特别疼爱，任他撒娇，凡事都帮他做好，使得孩子不愿、也没有机会去学习自立。反之，父母过度忙碌，无暇照顾孩子，因而内疚，想补偿他；于是尽量容忍他、满足他、纵容他，当有任何要求时，从不拒绝，因此养成孩子喜欢撒娇的习惯，或喜欢说

"我不会做"，因为这样就有人代劳了。

想纠正孩子的依赖性格，培养他自立、坚强，必须在日常生活中潜移默化地影响他，这不是一下子可以改变过来的。首先，训练孩子做自己的本分事，穿衣、吃饭，都让孩子自己去做。面对一个依赖性强的孩子，父母往往经不起孩子的纠缠、撒娇，而首先改变态度；有时是因为不能忍受孩子的哭闹，但求平息孩子情绪而满足他。久而久之，孩子揣摸到父母的心态，知道只要坚持用同样的方法就可以令父母改变。

其实真的忍受不住时，干脆走开一阵，不要面对孩子。而且不断提醒自己：这样做是为了孩子着想，内心就会感到舒服一点。

此外，吃饭的时候，给孩子选择喜欢的食物的权力，带孩子去买玩具、衣物时，让他有拣选的机会，一旦选定了，要尊重他的决定。父母可以给予意见，但不要代他作决定，如果孩子表现得忸怩不安，或犹豫不决时，说一些鼓励和提示的话，帮助他立定主意。对他的决定，表示欣赏可以坚定他的信念，并起鼓舞作用。

当你要求孩子自己去完成一件事时，不要因为他做不来，或手忙脚乱，或需时很久而表现得不耐烦，不断催促、批评，甚至斥骂，更不可代他完成。要给他充足的时间，即使是慢，也不可指责他做不来。实在不能完成时，也只能从旁协助，或口头指导。不过，当孩子第一次尝试做一件事时，必须先给予充分的指导，不能一开始就要求他自己来，他也不可能一下子学会做所有的事。学会自己吃饭了，再教他穿衣服，按部就班渐进式地进行。一时间要他做那么多事，对依赖性强的孩子来说是很困难的，而且会让他有借口说做不来。

他做不好时，不要责备他、取笑他，应指出他的错处，告诉他要如何做，鼓励他重新开始；做对了，要称赞，不管是多么小的一件事，也不能忽略。当孩子自觉自愿地去做时，便给予适当的鼓励和赞赏，让他为"这是我自己做的"而感到自豪、高兴，以后更乐意去做了。

要注意，选择适当的时间来开始第一次训练，是重要的一环。不适当的时候，容易引起父母与孩子双方的紧张，事情就不容易成功。例如，临上学前不应该教孩子自己穿校服，由于时间紧迫，大人急于把孩子送上校车，见到孩子笨手笨脚，忍不住就要发脾气。孩子受了气，自然不高兴，赌起气来，于是大人和孩子都放弃了，最后还是由大人代劳。有了第一次的经验，孩子心存恐惧，下一次要他再尝试就难了。倒不如选择一个不急迫的时候，例如洗完澡要穿衣服的时候，可以乘机教孩子如何扣纽扣；晚上换睡衣上床时，则教他如何穿裤子。每天学一点，在没有压力下学习，孩子会乐意多了。

别忘了，同龄小朋友间可以互相影响，大家一起玩，看见别的小孩子可以自己绑好鞋带，自然会刺激他，他也想自己做，就不自觉地学习起来了。

（五）培养孩子自理自立的能力

培养孩子自立自强的能力，就要从小让孩子体验生活，投入到生活的劳动和艰辛中去，让他们很早就明白：生活是靠劳动创造的，幸福是靠奋斗争取的。同时，让孩子早日投入到生活中去，有利于他们尽快掌握生活知识，锻炼生活本领，在生活中磨砺高尚的品质，树立健康的人生观。

美国第 34 任总统艾森豪威尔，靠自己的努力考入西点军校，并以优异的成绩毕业。在服役期间，艾森豪威尔就显露出了卓越的军事才能，因此他受到赏识而步步高升，1941 年还是上校，到 1945 年他已是五星上将了。二战后，杜鲁门总统任命他为陆军总司令。1948 年艾森豪威尔退役，任哥伦比亚大学校长。1952 年竞选美国总统获胜，1956 年连任。

艾森豪威尔的父亲老艾森豪威尔一生艰难，后来做了一家煤气公司经理，情况才稍有好转。母亲艾达·伊丽莎白是个虔诚的教徒。

艾森豪威尔从小受父母的教育和影响，形成百折不挠、奋勇向前、勇于同困难作斗争的精神品质。所以，他在任何时候、任何环境下都能保持一个强者的形象。

艾森豪威尔的父母从不溺爱孩子，而是根据他们所信奉的宗教"河上兄弟"派的传统，严格教育孩子。他们教给孩子各种文化知识，培养孩子做家务的习惯，包括做饭、打扫卫生等。

一次，艾森豪威尔的弟弟染上了猩红热，家里顿时紧张起来了。妈妈向艾森豪威尔交代了一件"大事"，就是给全家人做饭。

艾森豪威尔小小年纪哪里会做饭？况且，此前他根本没做过饭。但是他想，好多事情都是逼出来的，母亲把这件事交给自己了，自己就要下定决心把饭做好。

刚开始，母亲手把手地教他，怎么切菜怎么生火，每天吩咐他做什么饭。或许是从来没有做过饭的原因吧，他感到做饭还有几分新鲜有趣，所以做得极其认真仔细。由于没做过饭，所以手艺不精，他做的饭菜，常常让家里人吃得直皱眉头。

后来，他越做越熟练，还练就了一个拿手好菜，就是会做一种汤，家里人都非常喜欢喝。艾森豪威尔真是高兴极了。

他的父亲老艾森豪威尔是个很有学问的人。他精通英语和德语，能流畅地用希腊文读书，但他并不让孩子与那些普通人家的孩子有任何不同之处。

老艾森豪威尔制定了严格的家教，用来培养孩子良好的生活习惯。比如：他要求孩子必须早上6点钟起床，晚上9点睡觉。每个孩子干任何事情都要干好，谁不认真都要返工重做，出现错误要受到惩罚。

有一次，艾森豪威尔的二哥埃德加瞒着父母在当地一位医生那儿工作了数月之久，并且得到了一些报酬，对家里则说在认真上学。父亲知道这件事后，埃德加挨了一顿鞭子。

艾森豪威尔的父母一方面用严格的家规来要求孩子、随时纠正他们的各种错误，以利他们健康成长；另一方面，他们也以身作则，为孩子树立好榜样，实行一贯性的示范教育。父亲平时没有兴趣也没有时间对孩子进行空洞的说教，他只是以自己的行动来鼓励孩子勤奋上进，在困难面前不屈不挠。

艾森豪威尔的母亲个性沉着、矜持，除了操持家务外，她还腾出时间来帮助更加困难的人。

父母的言行给孩子们留下了深刻的印象，使他们明白了只有依靠艰苦的劳动，才能改变和创造生活。同时，也养成了他们善于待人接物、团结助人的高尚品行。

做家长的就应当像艾森豪威尔的父母一样，从小就让孩子学会劳动、学会生活，在劳动和生活中成长，从中培养自立自强的意识，为将来的成功打下良好基础。如果孩子长到十几岁了，还四体不勤、五谷不分，过着饭来张口、衣来伸手的生活，那么，即使他学到了满肚子知识，也无法应用于实践。

现在，许多家长都在抱怨自己的孩子懒得很，其原因大多在于家长教育不得法。其实，不论是原始社会，还是近代社会，孩子总是参与家庭生活的。只是这种参与有主动与被动之分，在主动参与家庭生活的过程中，孩子会从中找到归属感，并从工作中获得成就感。而且，随着儿童逐渐长大成熟，各种能力的发展，会日益找到安全感。

专家认为，孩子真正开始做家务的年龄是2岁。大多数4至5岁的孩子就已经能帮家里干许多活了。当然，大多数工作对小孩来说还太艰巨了，因此，要想让孩子积极地参与生活，可以从教他清扫地板上的灰尘这类简单的事开始。

劳动是孩子的天性，孩子在家务劳动中充分体现其活动的天性，而且，他非常乐意去帮助父母打扫卫生，擦拭桌面上的灰尘。所以家长应早日花心思去教孩子动手做家务。

当孩子做完一件事后，不管这件事本身的大小，家长都应该对此表示高兴，让孩子知道他的工作得到了肯定，但忌用物质刺激，尽可能地采用鼓励性的语言。

从培养孩子学做家务起，随着孩子年龄的增长，就要逐渐扩大劳动的范围。当孩子真正掌握了生活知识和本领，并能够付之行动后，孩子的自理能力随之增强，对他人的依赖也就会减少。这时，孩子才能算在生活上"自立"了。

三、 怎样才能让孩子拥有积极的心态、学会为人处世的方法

孩子的健康成长是父母最大的心愿。但是，什么才是真正的健康呢？许多家长以为"没病没灾"就是健康，对心理健康却不重视，甚至还不知道这一概念的深刻含义。殊不知，心理健康已逐渐成为现代教育理念中的新焦点。

（一）心理健康才能健康成长

心理问题就像头疼、感冒一样，人人都可能遇到。因此，家长不要把它看得像洪水猛兽那样可怕。但是，微小的心理问题如果长期存在而不加以解决，就可能导致心理障碍甚至心理疾病，对孩子的学习和生活将造成重大的危害。

在一次中小学心理健康教育学术报告会上，有关专家采访了 20 名冒雨接孩子回家的家长，其中没有一人能够说出青少年心理健康教育的基本定义和具体操作办法。一名家长面对提问居然回答说："什么心理、生理的，我的孩子还小，不谈这个！"

其实，心理健康教育虽不同于知识教育那样可以立竿见影，但它对成就一个孩子的未来、塑造一个健康的生命，却有着至关重要的意义。

孩子都有着天真烂漫、无忧无虑的天性，孩子和大人一样，也需要情感交流

和情绪宣泄。可是，一些父母往往忽视了孩子这方面的需要，刚一放学，父母就催着孩子做作业，一遇假期，父母不是让孩子放松放松，而是给孩子报各种辅导班，不给孩子一点喘息的机会，更不要说经常和孩子一起谈天说地、交流感情了。即使孩子有了想和父母交流一下"思想"的愿望，有的父母也会说："小小年纪想那么多干什么？好好学习就行了。"长此以往，处于情感交流"饥饿"状态中的孩子，就会渐渐"闷"出"心病"来。

不少孩子不但从父母那里得不到情感上的满足，也很少有和同龄人交流和沟通的机会。有的父母害怕自己的孩子与别的孩子发生冲突，就不让自己的孩子与别的孩子一起玩耍。殊不知，冲突和矛盾也是一种情感交流的途径，能给孩子提供许多直接的人生体验和情感感受，这是任何教科书都无法传授的。

安徒生的父亲对文学很感兴趣，他没有固定职业，靠补鞋为生，母亲是个洗衣妇，家庭非常贫寒。

安徒生住的小镇，住着不少贵族地主。他们怕降低了自己的身份，不让自己的孩子和安徒生这样的穷孩子一起玩。这些富家子弟有时还欺负安徒生，瞧不起安徒生。父亲疼爱自己的儿子，他对安徒生说："不怕，孩子，有爸爸在，他们不和你玩，爸爸陪你玩。"

安徒生经常在外面受到欺侮，可是一回到家，他就把那些欺侮都忘了。

为了不让孩子寂寞。爸爸常给安徒生讲《一千零一夜》的故事。有时为了调剂一下生活，爸爸特地给孩子念一段丹麦著名喜剧作家荷尔宝的剧本。在他们的书架上，还有一套丹麦文的莎士比亚戏剧集。爸爸也常常把这本集子抽出来朗诵几段。这些剧本里的故事更接近现实生活，内容丰富多彩。

听了这些故事，安徒生充满了幻想。他要把这些生动的故事通过人物表演出来，他想当导演，于是，他便把爸爸雕刻的木偶，打扮成剧中人物开始表演，用碎布片给木偶缝制了各种不同身份的小衣服：讨饭的穷人、欺压老百姓的富人和贵族、没人理睬的穷娃娃等。慢慢地，他在现实生活中开始编起了木偶戏。

为了扩大孩子的精神世界，父母经常领着安徒生到街上观察那些生意人、手艺人、店员、乞丐、贵族地主等各阶层的人，要求孩子研究这些人的生活习惯、快乐和悲哀。安徒生敏锐地看到，那些贵族地主经常装腔作势，那些生意人时时挥金如土，而那些普通劳动者辛勤劳动，却得不到温饱。

安徒生 11 岁时，父亲去世了。经母亲再三恳求，安徒生进了一家学校，可校长压根儿就瞧不起这个穷孩子，安徒生气得再也不想进这所学校了。

安徒生气愤地对母亲说："我要到哥本哈根去学本事。"

母亲很支持，说："去吧，孩子，出去也许能碰上好运气。"

安徒生的父母生活如此困窘，还能陪孩子玩，给孩子讲故事，进行心灵的交流，现在的家长又有多少的理由不这样做呢？

如今，青少年思想道德教育引起了各方面的广泛关注，各种文化场馆纷纷为青少年免费开放，各种青少年文化活动中心也在改建、扩建，面向未成年人的图书、报刊、音像制品和电子出版物大量出版，打击"黑网吧"、为青少年上网保驾护航的工作也大张旗鼓地展开……

不管怎么，孩子的心理健康教育，都应该得到家长的有力配合。家长要转变教子观念，了解和掌握心理健康教育的方法，注重自身良好心理素质的养成，营造家庭心理健康教育的环境，以家长的理想、追求、品格和行为影响孩子。不论采取何种教育方式，家长和学校同样有义务加强监督、教育。在具体的实施过程中，家长要注意根据孩子身心发展变化的特点，将心理健康教育渗透在家庭生活的各个方面。对不同年龄的孩子提出不同的要求，把"学会认知、学会共同生活、学会做事、学会生存"作为对孩子的终身教育的目标。

目前，国内教育界推崇的诱导式心理健康教育，是一种不错的模式。在具体操作中，家长可以借鉴以下 3 个步骤。

首先，通过活动创设情景，提出问题。主要目标是让孩子了解自己的心理水平，也让家长了解孩子的心理水平。其次，通过父母和孩子共同分析、思辨，研究如何解决问题，使孩子转变观念，在潜移默化中接受行为训练，从而提高心理素质。最后，要引导孩子在本次受教育过程中总结经验，为下次教育打下基础。

（二）如何应对孩子的不良情绪

学会处理消极情绪的最重要的环节就是接受它。尽管消极情绪令我们感觉不愉快，但它却是成长过程的一部分。很早就学会感受、表达和释放消极情绪，能帮助孩子了解自己的感觉，也能帮助他们正确对待自己的消极情绪，而不会将情绪带入到行为举止中去。

通过交流消极情绪，孩子可以清楚地知道自己与父母是彼此独立的（这是一种强烈的自我意识），并且能逐渐发现自己潜在的创造力、直觉力、爱心、方向感、信心、快乐、同情心、良知以及自我纠错能力。

所有这些是帮助一个人在社会中出类拔萃、成就斐然的生活技能，而这些技能都与感知自我情绪和化解消极情绪息息相关。成功的人可以感知自己的失败，还可以放下消极情绪，日后东山再起。他们能够化解自己的消极情绪，无须压抑，更不至于深陷其中不能自拔。

大多数不成功的人要么是对内心的感受麻木不仁或者消极处世，要么就是一味消极、难以自拔。不管是哪种情况，都不利于他们实现自己的梦想。充分地去感受自己的感觉，可以帮助我们体验到内心的激情，同时获得追求幸福生活所需要的力量，这是至关重要的。正面养育的技巧能逐渐教会你的孩子释放内心的消极情绪，让积极的情绪自然生长。

激情意味着强烈的向上感。如果我们能够处理好消极情绪，就能在生活中保持激情；如果我们压抑自己的消极情绪，就会逐渐丧失感知积极情绪的能力，就会失去感受爱、欢乐、信心和内心平静的能力。

如果成年人在生活中被消极情绪所左右，失败将不可避免。成功的成年人需要学习如何感知并释放消极情绪。这样，他们才会赢回积极情绪，做出更健康、更成功的决定。

1. 消极情绪的化解之道

有消极情绪问题不大，但必须在合适的时间和地点表达。小孩子用无理取闹的方式脾气来控制全家是不能接受的。父母一方面必须坚定，但另一方面也要给孩子发脾气的机会。

小孩子都有表达并交流他们的消极情绪的需要。通过给予同情和运用"暂停"技巧，聪明的父母时常会给孩子充分感觉和表达消极情绪的机会。尽管做事的时候不能带有消极情绪，但父母有责任控制孩子的行为，让孩子安全地表达消极情绪。如果父母运用倾听以及"暂停"等正面养育的技巧，孩子就能渐渐学会调整表达消极情绪的时机、场合以及方式。

尽管释放消极情绪没有关系，但父母也不能同意孩子不分场合地随便发脾气或太情绪化。当父母愿意倾听或者当孩子"暂停"的时候，释放消极情绪是合适的。孩子会逐渐学会把自己表达消极情绪的需要调整到父母可以倾听的时候。

2~9岁之间如果经常进行"暂停"，孩子就能逐渐调节沟通消极情绪的时间和方式。尽管这看起来需要漫长的等待，但实际上用不了太久。

要想处理孩子的消极情绪，父母需要经常对孩子采取"暂停"措施。如果父母不采取足够的"暂停"手段，孩子不可避免地就会把不良情绪付诸行动。了解到这些的父母会清楚地认识到，孩子需要在"暂停"时适当地发发脾气。他们不再安抚孩子以免发生正面冲突。

当采用了正面养育的技巧时，孩子就会明白，释放消极情绪没有关系，但主导者还是爸爸和妈妈。当父母决定谈判结束时，孩子也就该适可而止了。如果还不停止，那么坚持一段时间的"暂停"能够帮助孩子释放情绪。孩子会表达并感受到愤怒、悲伤、害怕等情绪，几分钟后便会恢复平静，变得更加合作。

2. 应对强烈的失落情绪

孩子比成年人更容易有强烈的情绪，因为他们在9岁之前还不会推理。他们无法用逻辑的理性来让自己恢复平静。如果有人虐待他们，他们就会永远憎恨那个人，或者觉得自己活该受到那样的对待，并且将永远受到那种对待。

他们没有推理能力，看问题太过片面。他们不明白有时候别人对他们不好，可能只是因为那个人那天不顺心。没有推理能力使他们的失落感更加强烈。

父母经常会在不知不觉中伤害孩子，因为他们低估了孩子失落的情绪。体会孩子感受的最佳途径之一就是接受孩子发脾气。他们发脾气肯定有他们自己充分的理由。没有必要试图说服他们摆脱消极情绪。孩子发发脾气，心情自然就会好转，然后才能接受合理的安慰。

从孩子的角度来说，他们总是有正当的理由生气。

大多数成年人现在都能明白，遭受巨大的挫折时，产生愤怒、痛苦、恐惧和悲痛的情感不仅是正常的，而且会让我们的心情好起来：当我们未能得偿所愿，或者失去了某个人或某个特别的东西时，有时候只需要大哭一场。感受并释放消极情绪，可以帮助我们对生活中的限制持宽容的态度。同样，孩子们也需要好好地发一通脾气来接受父母设下的种种限制。发脾气是小孩子表达并进而感受消极情绪的方式。最终，他们将学会对消极情绪只是去感受，而不会把它们表达出来，更不会带到行为中去。

孩子在9岁之前时不时地发脾气，这再正常不过了。如果孩子没有机会把脾气发个够，那么过了这个发展阶段之后，他们可能一辈子都会有发不完的脾气。现在的孩子比以前更加敏感，更加需要表达情感。学会了如何成功地处理自己的情绪，孩子们从过度活跃和迷恋暴力到自我贬低甚至有自杀倾向这个问题就会迎刃而解了。

3. 为什么表达情绪是有好处的

表达情绪能让孩子了解到自己的感觉，有感觉才能了解自己。了解了自己，我们才能更清楚自己是谁，更清楚自己的需求和愿望。感觉的能力还帮助我们认可并尊重他人的需求和愿望。倾听孩子表达他们的消极情绪的同时，我们也在帮助他们培养感觉的能力。

给孩子创造安心表达自己的愤怒、痛苦以及恐惧等消极情绪的机会，就能使孩子们感受到自己的内心需要——父母的爱与支持。突然间，孩子们会意识到：获得父母的爱比使他们生气更重要。当孩子因为得不到饼干而大发脾气时，他只是暂时忘了谁才是主导者，忘了爱比得到饼干更重要。父母支持孩子们表达自己的消极情绪，会使他们重新感觉到需要父母的爱，感觉与父母合作、让父母高兴的愿望。

随着孩子们对爱的需要的进一步了解，他们对饼干的需要就随之消失了，怒气也烟消云散，他们会变得更加合作。就这样，孩子们再一次回归到真实的自我——充满幸福、爱、自信以及平和的自我。他们会再次意识到：对父母之爱的需要，与父母合作并让他们高兴，是自己内心的真实愿望。所有这些都来自于一个机会，一个为那些不能随心所欲的孩子创造的安全地发脾气的机会，这个机会让他们免遭惩罚，也不会失去父母之爱。

要向孩子传递"释放消极情绪没有关系"这个信息，最有效的途径是全神贯注地倾听他们，并适时进行"暂停"。即使孩子反抗"暂停"也没有关系。他们甚至可以生气并说一些很难听的话。"暂停"对孩子来说是顺从父母控制之前的最后一次全力反抗。孩子得知道，反抗父母或者被迫接受"暂停"并不代表自己不好，这只是成长过程中很自然的一部分，这非常重要。

父母千万不要因为害怕孩子发脾气而与他们妥协，除非当时不适合处理孩子的情绪问题。孩子需要认识到：自己在父母的管束之中是非常必要的。当孩子感觉不到父母的管束或者认为父母无法管束他们的时候，他们就会任意发脾气，而变得无法管教。

（三）不要让孩子养成爱慕虚荣的坏习惯

虚荣心是使人走向歧途的兴奋剂。因为它能燃起一个人的欲望之火，促使人失去理智的控制；虚荣心又像一个色彩斑斓的肥皂泡，它随时都会破灭，把站在它上面的人抛下深渊。爱虚荣的心理一旦养成，就会只看到眼前，失去真实的自己，离成功越来越远。

生活中，人人都受过虚荣心的困扰。虚荣心在每个人身上的表现有强弱之分，在它表现较弱时，还不能使人意识到其危害；可是虚荣心较强是由较弱发展而来的，在强烈的虚荣心驱使下，会令人产生各种可怕的动机，这种动机所带来的后果有时是非常严重的。

虚荣心是一种脱离实际、盲目追求的心理状态，一般建立在物质欲求的基础之上，表现在孩子身上多是互相攀比、炫耀等言语和行为，一旦这种心态成为孩子性格中的一部分，那么对他们日后健全人格的形成是非常不利的。

家境贫寒的小倩刚刚大学毕业步入社会，为了追求时髦，不惜借钱购买高档衣服，还借钱买了相当昂贵的项链、戒指来炫耀自己。周围人羡慕地夸奖她有钱，她只说是爸爸妈妈给她买的。直到有一天要债的人"逼宫"周围的人才明白过来是怎么回事儿。从此，大家都躲着她走，她也为此陷入了苦恼之中。

随着生理上的发育和社会接触面的扩大，青少年自尊心亦与日俱增，然而，这种自尊心容易被追求虚荣所扭曲。例如，他们穿华丽的服装，在同学中做出哗众取宠的举动，目的就是要显示自己，用片面的虚荣去满足自己某种好奇、好胜及自我表现的心理欲望。

心理学上认为，虚荣心是一种被扭曲了的自尊心，是自尊心过度的表现，是一种追求虚荣的性格缺陷，是人们为了取得荣誉和引起普遍注意而表现出来的一种不正常的社会情感。这一类型的人表面上表现为强烈的虚荣，其深层心理就是心虚。表面上追求面子，"打肿脸充胖子"，内心却很空虚。他们表面的虚荣与内心深处的心虚总是不断地在斗争着：一方面在没有达到目的之前，为自己不如人意的现状所折磨；另一方面即使达到目的之后，也唯恐自己真相败露而恐惧。一个人如果永远被这至少来自两方面的矛盾心理所折磨，他的心灵总会是痛苦的，完全不会有幸福可言。正如法国哲学家柏格森说："一切恶行都围绕虚荣心，都不过是满足虚荣心的手段。"

虚荣心很强的人往往是华而不实的浮躁之人。这种人在物质上讲排场、搞攀比；在社交上好出风头；在人格上很自负、嫉妒心重；在学习上不刻苦。因而可以说，虚荣心是一种病态的社会心理。

从个体心理方面分析，虚荣心的产生有以下原因：

一是面子观念的驱动。几十年前，林语堂先生在《吾国吾民》中认为，统治中国的三位女神是"面情、命运和恩典"。"讲面子"是中国社会普遍存在的一种民族心理。面子行为反映了中国人自重与自尊的情感和需要，丢面子就意味着否定自己的才能，这是万万不能接受的。于是有些人为了不丢面子，通过"打肿脸充胖子"的方式来显示自我。

二是与戏剧化人格倾向有关。爱虚荣的人多半为外向型、冲动型、反复善变、做作，具有浓厚、强烈的情感反应，装腔作势，缺乏真实的情感，待人处事突出自我、浮躁不安。

三是虚荣心的背后掩盖着的是自卑与心虚等深层的心理缺陷。具有虚荣心理的人，多存在自卑与心虚等深层次的心理缺陷。他们竭力追慕浮华，只是一种补偿机制，以掩饰心理上的缺陷。

我们平常所说的自尊心，就是尊重自己的人格、荣誉，不向别人卑躬屈膝，不容别人歧视侮辱，以维护自我尊严这样一种自我情感体验。自尊心是自我意识中最敏感的一个部分。一个人有了自尊心，就总是能争上游，不达目的誓不罢休。在平常生活中可以看到，有自尊心的人不甘落后，自觉主动地遵守纪律、努力学习，创造性地完成任务。自尊是一种可贵的情感，很好地利用它，能够丰富自己、提高自己、发展自己。

但是，有的孩子自尊得过分，特别好面子，贪图并追求表面的光彩，这就走向了虚荣。比如不能正确地估价自己，将父母或他人的荣耀也当成自己的；因为害怕别人看不起，而不顾经济条件是否允许，在穿着打扮上互相攀比；在知识学问上，不懂装懂；总想表现出一贯正确，听不得别人对自己的批评等等，这些都是虚荣心的表现。

自尊心是建立在自信的基础上的。有自尊心的人也承认自己有比不上别人的地方，但是他们相信通过努力能够改变这种状况，使自己变得更好；而虚荣心却建立在自卑的基础上，有虚荣心的人非常在意自己在别人眼里的形象，总是不由自主地掩盖自己的弱点，以便显得自己和别人一样或比别人更优越。虚荣心使他们不是去努力提高自己的实力，而是急功近利地做表面文章，结果到头来并不能真正改变不利地位，反而进一步丧失了自尊。因此，虚荣并不能让人真正感受到内心的充实，永不满足的虚荣心带给人的只能是无休止的烦恼。

家长如何帮助孩子克服爱慕虚荣的缺点呢？专家有如下建议：

1. 让孩子正确地对待舆论

孩子生活在群体之中，总免不了被别人品头论足，有些评论是正确的，那我们就应让孩子认真对待；有些评论则未免失之偏颇，那我们就应当让孩子提高辨别力，不要凡事人云亦云、毫无主见，以免让不正确的舆论左右了孩子。

2. 帮助孩子正确评价自己

告诉孩子不仅要看到自己的长处和成绩，也要看到自己的短处和不足，对自己采取实事求是的态度，这样才可避免因过高估计自己而实际上做不到的难堪局面。

3. 教会孩子正确地对待荣誉

荣誉应当与一个人的真实努力相符，否则只能是虚假的。孩子需要得到别人的尊重，他们也有得到别人尊重的权力，但这种尊重必须建立在孩子真实的努力之上。要取得好成绩，一定要靠认真刻苦的学习。否则，即使赢得了"荣誉"，也不光彩，而且一旦暴露，只能受到他人的蔑视和仇视。面子"不可没有，也不能强求"，如果孩子"打肿脸充胖子"，过分追求荣誉、显示自己，人格就会受到歪曲。同时也应正确地看待失败与挫折，"失败乃成功之母"，只有从失败中总结经验，从挫折中悟出真谛，才能建立自信、自爱、自立、自强，从而消除虚荣心。

4. 让孩子学会公平竞争

竞争应是激励人奋进的过程，而不应成为目标，如果把竞争本身看作是目的，便会使人过于看重结果，很容易引发不择手段、不讲规矩的举动。要让孩子明白，凡是竞争总有输赢，不要把目的只放在输赢上，而是要注重竞争的过程，从中发现自己输或赢的道理，体会竞争的乐趣，形成健康的心理。

与别人的比较要立足于健康的而不是不良的比较，如比成绩、比干劲、比投入，而不是贪图虚名、嫉妒他人、表现自己。

如果孩子已出现自夸、说谎、嫉妒等病态行为，可以在发现后让孩子到操场上跑几圈，或者在其手腕上套个皮筋，以作警示与干预之用。久而久之，虚荣行为就会逐渐消退，但这种方法还需要本人有坚强的毅力与坚定的信念才能收到良好效果。

在物质文明高度发展的今天，传统的价值观念在人们追求自身生存发展的目标之下悄悄地发生了变化，对物质索求的欲望主导着很多人的生活，进而影响着自己的下一代。"我爸爸是老板，你爸爸只是工人！""妈妈上星期给我买了双新的滑轮鞋！"生活中，孩子之间这种互相攀比的声音会频繁地出现在人们耳边。有的孩子常在同学和伙伴面前夸耀自己父母的地位或者家境的富足，以此突显出自己的优越感；有的孩子常在别人面前炫耀自己的特长和成绩，听到表扬就得意非凡，而对于批评则不以为然、拒不接受；有的孩子讲阔气赶时髦，特别注重穿着打扮，连脚上穿的袜子都要名牌的……

孩子的虚荣心形成的原因主要来自家庭。由于现代家庭孩子少，父母总怕孩子受委屈，于是对孩子总是有求必应。自己孩子穿的、戴的都不能比别人差，别人的孩子买什么咱家的孩子也得买，绝不能让人家把自己比下去。于是在家长无意识的纵容下，孩子的欲望无限地膨胀。

另外，独生子女的父母从溺爱孩子出发，总是爱讲孩子的优点，掩盖他们的缺点，孩子听到的都是赞美的声音，很少有人指出他的缺点。由于孩子对自己客观评价的能力还很差，家长具有绝对权威性，慢慢地孩子就从家长眼里的"十全十美"变成自己心中的"十全十美"，再也容忍不了别人超过自己。

当家长发现孩子有过强的虚荣心时，千万不要急躁，以命令的形式禁止是无法从根本上解决问题的。父母的一言一行都会影响孩子，因此，父母应以身作则，自己不要与别人攀比，以免孩子模仿，同时也为孩子树立正确的榜样。家长要摆正自己的心态，不要同别人攀比，盲目追求物质享受，家长也不要总是给孩子买东西，习惯性地给孩子买各种礼物，因为如果形成习惯，孩子就会感觉他得到这些礼物是应该的，而且需要你不断给他买。

教育孩子远离虚荣心，要多给孩子讲道理。告诉孩子，与别人攀比，拥有名牌并不意味着拥有了较高的地位。只有依靠自己的努力取得成功，才能获得别人的尊重。教育孩子根据自己的需要买东西，而不要为了同别人攀比，买自己不需要的东西，让孩子学会理性消费。很多家长不肯面对经济窘迫的事实，对家人和朋友隐瞒现状甚至夸海口，这是极端错误的。应该正面告诉孩子：每个人都无法选择自己的家庭。对于自己家庭的实际状况，有必要让孩子及时了解，让他从小就懂得，要自立、自强，不能把自己对生活的希望寄托在父母身上，要用劳动创造属于自己的天地。

其实，适当满足一下孩子的小要求，给孩子买一些好一点的衣服、玩具等也无可厚非，关键是要掌握"度"。孩子毕竟是孩子，总会喜欢漂亮的衣服、好玩的玩具，适当地满足一下孩子的要求，可以避免孩子对别人的妒忌心理。如果孩子得到礼物是为了炫耀，就要正面指出来，告诉他，炫耀、虚荣是有害的。

但是，对于孩子的不合理要求，则要坚决拒绝。可采取冷处理的方法，明确告诉他："世界上好东西很多，不可能人人都拥有所有的东西。只要从小学好本领，长大就能通过自己的辛勤劳动，去获得自己需要的东西。"激发孩子潜在的自信心和奋发向上的进取心，让孩子幼小的心灵更加纯洁、明亮。

如果孩子的要求是合理的，那么家长可以为孩子创造一些机会，让孩子用自己劳动挣来的钱购买所需要的东西。如让孩子做一些力所能及的事，分担一些家务，然后从中取得回报。一分劳动一分收获，一滴汗水一点回报，让孩子知道仅靠不停地向家长张口要这要那，不仅不光彩，而且行不通。

另外，家长要客观地评价自己的孩子，夸奖孩子要适度。赏识教育固然有其可取的一面，但要实事求是，要根据不同情况给予恰如其分的鼓励，既不能过分夸大孩子的优点，也不要掩盖孩子的缺点。对那些符合道德规范的行为，家长应给予表扬，但应适度。因为经常性的表扬会使孩子认为这些并不是他应该做的，一旦这样做了，便能得到奖励。久而久之，孩子便养成了虚荣的坏习惯。

要消除孩子过强的虚荣心不是一朝一夕就可以完成的，家长只有以自己的言行在生活中一点一滴地给孩子做出正确的示范，并且通过恰当的机会让他感受到虚荣心过强所带来的烦恼和痛苦，让孩子自觉地意识到虚荣心过强是不利于自己成长的。这样，孩子就可以自动抑制自己的物欲，避免形成不正确的价值观。

（四）让孩子用笑容感染别人

微笑有一种神奇的作用，它可以缩短人与人之间的心理距离。在孩子与人交往时，先送给对方一个甜甜的微笑，那么孩子也将收获对方回馈的友善和尊重。所以，教会了孩子微笑，等于赠给孩子一笔宝贵的财富。

笑笑是个爱笑的孩子，正是这个原因，妈妈给她起了"笑笑"这个可爱的名字。

一次，学校老师让大家每人出一个节目，要求是要打动大家。笑笑没什么特长，皱着眉头告诉妈妈说怕完不成任务。

妈妈说："笑笑怎么没特长呢？你笑起来，露出两颗小虎牙，很可爱的呀！这就是特长，因为你可以比别人笑得更甜美。妈妈相信你可以用你的笑容去打动老师和小朋友，也可以打动所有人！"

果然，表演那天，笑笑告诉大家："妈妈说甜美的笑容可以打动所有人。我想用我的笑容打动大家！"说着，笑笑露出了两颗可爱的小虎牙，绽放了自己的笑容。然后，她又说："如果大家被感动了，就为我鼓掌吧！"

老师带头为笑笑鼓起了掌……从此以后，笑笑更爱笑了。

1. 教孩子学会微笑

笑容是一种令人感觉愉快的面部表情，它可以缩短人与人之间的心理距离，为深入沟通与交往创造温馨和谐的氛围。因此有人把笑容比作人际交往的润滑剂。

西方有一句谚语说："人是惟一会笑的动物。"我国也有一句谚语叫："笑一笑，十年少"。笑，这种人类的本能动作，来源于人类也服务于人类。可以说，微笑是全世界各民族通用的语言。

在人际交往中保持微笑，有以下几个方面的作用：

（1）表现心境良好。面露平和欢愉的微笑，说明心情愉快，充实满足，乐观向上，善待人生，这样的人才会产生吸引别人的魅力。

（2）表现充满自信。面带微笑，表明对自己的能力有充分的信心，以不卑不亢的态度与人交往，使人产生信任感，容易被别人真正地接受。

（3）表现真诚友善。微笑反映自己心底坦荡，善良友好，待人真心实意，而非虚情假意，使人在与其交往中自然放松，不知不觉地缩短了心理距离。

（4）表现乐业敬业。工作岗位上保持微笑，说明热爱本职工作，乐于恪尽职守。如在服务岗位，微笑更是可以创造一种和谐融洽的气氛，让服务对象倍感愉快和温暖。

所以，没有人不希望看见微笑着的面容。孩子是祖国的未来和花朵。如何让孩子的未来充满阳光，如何让祖国的花朵鲜艳夺目？教会孩子学会微笑极其重要。

学会微笑，把灿烂的笑颜传递给下一代，不仅能给自己带来快乐，同时也能感染身边的每一个人，使孩子获得更多的朋友，取得更多的机会。父母要给孩子种下微笑的种子，让孩子从小就具备形象上的亲和力。

让孩子学会微笑，这对孩子来说不是一件苛刻的事。只要孩子能坚持，就能做到，这有利于他的身心健康，有利于孩子与同学、与老师、与社会上的每个人和谐相处，有利于孩子的茁壮成长。

想想孩子若能做到微笑地和同学相处，微笑地听老师讲课，微笑地做老师布置的作业，微笑地面对每个人，微笑地做他想做的事，甚至微笑地入眠，那孩子还有什么压力，还有什么负担？就算有压力和负担，只要他学会了微笑，他也会微笑着去面对和解决。

父母应怎样教孩子学会微笑呢？

（1）让孩子感受到快乐

要让孩子微笑，父母就要让自己先保持良好的心境，以身作则用微笑迎接每天的到来，让孩子感受到快乐。一般来说，如果父母是开朗乐观的人，特别喜欢笑，那么，在这种家庭氛围中长大的孩子就能笑得很甜。

（2）时刻提醒孩子微笑

无论发生再大、再严重的事件，父母都应要求自己，要能够微笑。在孩子出门前，告诉孩子："微笑吧，孩子，微笑可以超越一切阻碍。"同时，可以和孩子开个玩笑："要是你笑不出来，就把一支铅笔横着咬在嘴里，再把铅笔抽出，保持口型就是标准微笑了！"这也是礼仪训练中微笑训练的一个方法。这个时候，孩子往往真的会笑出来。

（3）训练孩子去微笑

训练微笑，要求微笑发自内心，发自肺腑，无任何做作之态，防止虚伪的笑。只有笑得真诚，才显得亲切自然，与孩子交往的人才能感到轻松愉快。

人微笑时，口角两端向上翘起。教孩子练习时，为使双颊肌肉向上抬，口里可念着普通话的"一"字音。同时让孩子看镜子里的自己是不是比沉着脸的时候更漂亮更和善。父母还要让孩子知道人人都喜欢面带笑容的人。孩子知道自己的笑脸更亲切，大家又都喜欢，就会经常笑了。

当然，父母一定要让孩子明白，真正的微笑应发自内心，渗透着自己的情感。表里如一，毫无造作或矫饰的微笑才有感染力，才能被视作参与社交的"通行证"。

2. 帮孩子树立社交意识

如今，很多家庭都只有一个孩子。由于怕孩子累着、绊着、被人欺负，一些父母几乎把所有的事都揽到自己身上。这样就大大限制了孩子与人接触的机会。长此以往，会让孩子逐渐脱离群体，不懂如何与人相处，无法开口说话。

一位母亲忧心忡忡地向心理医生倾诉：

"我家孩子上小学时就拥有了自己的房间，但随着年龄的增长，孩子越来越喜欢一回家就关上房门，而且还把门反锁上。开始我们认为孩子独自在房间里会安心看书，没想到她的成绩一天天下滑。我们一气之下，干脆把孩子房门上的锁给撬掉了。谁知孩子更绝，一回到家，照样关上门，然后再用凳子把房门堵上。我们家里买了电脑，我们说什么也不敢让孩子上网，但她干脆借了一大堆碟，关了房门独自欣赏，任凭我们在门外喊破喉咙也不开门。我们给了孩子独处的空间，但却使孩子和我们越来越疏远，这孩子到底怎么了？"

很多被长期关在家里的孩子，因缺少与人交往，特别是与小伙伴交往的机会，个性、语言、智力等方面的发展受到了严重的影响，甚至养成了刁钻、古怪、孤僻的性格。

孩子需要有机会与个性不同的孩子交往，互相影响，取长补短，以弥补自己的不足。例如：孤僻的孩子需要交开朗的朋友；过分受到保护的孩子需要自主性较强的伙伴；胆怯的孩子需要和较勇敢或富于冒险精神的孩子在一起；幼稚的孩子能从和比较成熟的伙伴们的交往中得到益处；霸道的孩子可以由强壮而不好战的玩伴来矫正等等。从这个意义上说，父母应当鼓励孩子与人交往。

美国前总统肯尼迪的父亲约瑟夫，很注意制造条件让孩子得到多方面的交往机会，他让男孩子们全部到非教会学校读书，使他们能与各种背景的人接触，扩大视野。后来，他的4个儿子全部进了哈佛大学，成为杰出人士。

摩托罗拉公司的创始人——美国大企业家高尔文，只有一个儿子叫鲍勃。他期望儿子能够继承自己的事业。于是，他频频让儿子参与各种社交活动，增长儿子的见识。高尔文公务外出时，总是尽量带上鲍勃，一方面用来弥补与儿子常不在一起的缺憾，更重要的是让儿子有与更多的人交往的机会。他亲切地对儿子说："坐飞机可以飞翔蓝天，穿云过雾；坐轮船，可以乘风破浪。干什么事都要继往开来，永远前进。不前进，便要落后，便要被淘汰。"

这两位父亲都很重视培养孩子与人交往的能力，因为他们明白：人们从小到大就一直处于社会互动之中，受到这些规则和习惯潜移默化的影响，从而逐步接受和掌握这些规则和习惯，最终融入到整个社会群体之中，而交往的技能只有在与人交往中才能学会。父母应该尽可能地为孩子打开生活空间，鼓励孩子走出家门，广交朋友。比如，让孩子去找伙伴玩，邀请邻居家的小孩子、同班同学来家做客等等。

心理学家指出，同伴对指导或训练儿童掌握社会交往技能，帮助孩子摆脱孤独，具有特殊的作用，因为这种技能，儿童是无法在成年人那里学到的。

有些父母只看成绩，认为学习是最重要的，反对孩子做一点社会工作。这种看法不全面，不利于发展孩子的社交能力。其实，做一点社会工作不一定就会影响学习，反而会加强孩子与人交往的能力。孩子的社交能力反映着一个孩子的修养与气质，很难想象一个只会做习题的小书呆子将来如何在社会上与人相处。

因此，父母要从点滴小事培养孩子的社交能力，主动地为孩子提供与他人交往的机会，让孩子从小就有"与人交往"的意识。教育孩子学会称呼人、学会礼貌，不粗俗、不霸道、不任性，待人和气、诚恳、热情。

父母要教给孩子一些必要的待人处世的办法，并提供机会让孩子去实践，如带孩子上车，让孩子买票；要问路，鼓励孩子自己去做；平时可以多带孩子外出，让孩子接触各种各样的人；主动与邻居、周围的人打招呼；欢迎孩子的朋友到家里来做客，让孩子做小主人自己招待来客等等。

如果你的孩子有一定的社交能力，他一定能结识许多朋友，一定能得到更多的帮助，他的生活一定更加丰富，心理一定更加健康。

（五）让孩子学会幽默

在一个充满幽默欢笑的家庭里，孩子会变得活泼、热情、开朗，用幽默的方法教育孩子，对孩子是十分有益的。父母可以与子女开些善意的玩笑，鼓励孩子说些健康的俏皮话，这不仅仅是在逗乐，而是在培养孩子健康乐观的个性。

周末，外面却下起了雨。爸爸说："下雨了，可以让外面的树免费洗个澡，我们也不用开空调，大家都可以得到实惠。"孩子本来想抱怨下雨了就不能出去玩了，但听了爸爸的话心情一下子就变了。

吃饭的时候，平时做事很细心的妈妈端了一大碗的汤过来，没想到却在餐桌上打翻了。妈妈没有丝毫的不快，对孩子说："今天真难得，妈妈把东西打翻了，如果去买彩票，一定可以中大奖。"

孩子笑得前仰后合，向爸爸妈妈提议："计划赶不上变化。为了庆祝今天所有的突发情况，我替爸爸宣布，今天大家可以去麦当劳好好吃一顿！"

父母乐观幽默，孩子在无形中就学会了。

在生活中不断地制造欢笑，让周围的人感到轻松愉快，自己也会富有成就感和自信。因此具有幽默感的孩子，通常都很乐观，也较容易获得友谊。

"缺乏幽默是悲哀的"，家庭教育也同样如此。幽默感应在父母的语言修养中列居特殊的地位。父母多一分幽默，子女就更多一分笑声，多一分欢乐，多一分力量。幽默不仅能消除父母与子女之间人为的紧张情绪，而且可让子女在笑声中健康身心，达到寓教于乐的目的。

只要父母能好好鼓励并加以培养，让孩子成为一个幽默的人不是一件难事。那么该如何培养孩子的幽默感呢？以下提供一些方法，可供父母参考。

1. 给孩子营造温馨幽默的气氛

父母的工作繁杂、琐碎，每天忙完了工作还要忙家务。但无论如何，父母若能根据特定的情况，机智地创设幽默轻松的育儿环境，自然巧妙地把不快融入会心的微笑中去，则能使亲子关系更为和谐、融洽，并且有助于孩子身心健康发展。

当孩子哭闹时，父母若懂得在一旁营造气氛，抱抱他，拍一拍他，安抚他："怎么了，小宝贝，为什么哭得跟小花猫一样，有什么事，妈妈可以帮你的忙吗?"温柔、幽默的表达方式，有助于孩子忘记哭泣，破涕为笑，找到快乐。

孩子特别喜欢"过家家"，或扮演卡通人物。当美国父母发现自己的儿子与邻家小女孩正在十分投入地扮演王子和公主时，不仅不阻拦，自己还可能客串坏蛋之类的小角色，添油加醋地让气氛更为生动、活泼。

2. 让孩子在幽默中接受批评教育

对待孩子的错误，严肃认真的批评是一种教育方法，有时采取幽默的手段同样也可以达到教育的目的。父母不应总是用斥责惩罚的方式对待犯错误的孩子，不要让孩子总是担心受到惩罚，而要使他在看出自己谬误的同时破涕一笑。所以，父母不妨改变一下板着面孔批评教育孩子的做法。

孩子大喊大叫的时候，父母可以神色慌张地走过去说："嘘，千万小心，屋顶快裂开啦!"孩子看看天花板，随即会嬉笑着降低音量。听腻了直言告诫的孩子更愿意愉快地接受父母诙谐的批评。

孩子挑食，不好好吃饭，父母可以给孩子讲《珍珍姑娘》的故事："有个叫珍珍的小姑娘，吃东西十分挑剔，这也不吃，那也不吃，结果变得又瘦又小又轻，被蚂蚁抬走，她在音乐会上唱歌比蚊子声音还小，在运动会上……"这种夸张的故事会让孩子觉得十分可笑，并很快意识到挑食的坏处，从而在笑声中受到教育。

3. 鼓励孩子大胆表现幽默

讲述、表现是提高孩子幽默能力的法宝。随着孩子对幽默作品的兴趣和领悟力的提高，父母可以进一步鼓励孩子大胆表现幽默，让孩子讲述各种来自画册、电话以及生活中的小笑话。当孩子说出一些好笑的笑话和语言，或是表现出一些有趣的动作时，别忘了给他一些掌声和鼓励，建立他的自信心，让自己和孩子轻松一下。这种做法不仅能锻炼孩子大胆表现自己的胆量，而且对提高孩子的口语表达能力很有帮助。当然，更重要的是，孩子可以在妙趣横生的话语中陶冶情操，获得心理上的满足。

当然，有时孩子讲的笑话很可能不够高雅，但只要不伤害他人，不违反礼貌，不涉及危险动作，父母一般不要去粗暴地批评乃至责备。因为孩子，尤其是那些淘气的男孩，往往会通过笑话或恶作剧来"平衡"或"调节"自己的心态。尽管其中的幽默可能让大人们不快甚至难堪，但大人理应包容，这毕竟是孩子成长过程的一个组成部分。此时父母若能正确引导，让孩子知道什么是粗俗，什么是幽默，才是明智之举。

充满幽默的语言和事物能让孩子的眼睛亮起来，在无形中激发孩子的思维和语言能力。当你对孩子说："再不收拾玩具，以后就不给你买玩具了。"其实不妨加一点"幽默调味料"，如"玩具们玩了一天都累了，要回家休息了，不然他们要哭了。"让自己和孩子在有目的语言和气氛中轻松一下。

父母只要给孩子足够的空间，让他们寻找自己的生活乐趣，就不难培养出幽默健康的孩子。孩子的幽默性格一旦形成，对其一生都将产生重要的影响。具有幽默感的孩子大多开朗活泼，往往更讨人喜欢，其人际关系也比不具幽默感的孩子好得多。幽默还能帮助孩子更好地应对生活和学习中的压力和痛苦，因而幽默的孩子往往比较快活、聪明，能较轻松地完成学业，并拥有一个快乐、愉悦的人生。

第四章
好孩子需要真诚的对待

一、读懂孩子，做孩子的"知心人"

父母与孩子的关系起码有两重含义：一是父母，担负着养育、管理的责任；二是"挚友"，承载着教育培养孩子的道义，不懂得孩子，就培养不好孩子。爱孩子是一种本能，但是如何去爱，却是一门伟大的学问。我们没有受过任何"职业训练"，完全"无证上岗"，而一旦上岗，我们就理所当然的认为自己可以做父母，于是许多家庭教育冲突就不可避免的发生了。实际上教育孩子的前提一定要建立在读懂孩子的基础上。

（一）用孩子的思想去理解

童心是人的最美好的天性之一，比如说成年人"童心未泯"，说老年人有"赤子之心"等，都会博得大家的喜欢。因为相处的时候会感觉到轻松愉快，没有压力。童心是纯洁无瑕的，我们不能用世俗的察言观色、讨好乖巧、言不由衷去污染它。有些家长喜欢问孩子：爸爸好还是妈妈好？孩子说出"爸爸（妈妈）好"时，另一位家长马上表示不高兴，时间一长，孩子就知道了应该说"爸爸妈妈都好"。其实，这种无形的教育潜移默化地影响着孩子，使他们失去了纯真，失去童心的孩子还是他们自身吗？

童心也是无拘无束的，我们不能把孩子管得像一个小大人，使孩子小小年纪就学得矫揉造作，不会自然流露思想感情。家长们难道不认为孩子无"条条框框"说出的童稚妙语，更显亲切可爱吗？家长可曾知道，在我们无意中剥夺了孩子童心的时候，很可能连同他们的想象力、创造力、美好的个性和品德都剥夺了。为了使孩子的身心能健康地成长，我们应该保留一颗童心去理解孩子，并呵护孩子的童心。

比如，孩子下雪天想和小朋友去打雪仗，可是妈妈怕孩子着凉，把他关在屋子里，孩子苦苦哀求："妈妈，让我玩一会儿吧，玩一会儿就回来。"妈妈却说："外面天气冷，当心着凉，他们比你大，会欺负你的，你有这么多玩具，在家自己玩！"孩子哭了，这小天地怎么能与小伙伴打雪仗相比呢？

有的孩子非要用自己的电动玩具去换小朋友手中的泥人，有的孩子养个小蝌蚪会倾注全部心血……这些在大人看来简直是不可思议的事情，可对孩子来说却是正常的。

每个人都有自己美妙的童年。每一个家长都是有属于自己的童年，小时候和玩伴儿在一起拍洋画、弹球、打弹弓、跳皮筋、跳房子、下老虎棋、吹泡泡、过家家、骑马打仗、打雪仗、藏猫猫，闭上眼睛想一想，那种感觉是不是很美好？我们做了父母，保护孩子是理所应当的，但不能以此为借口剥夺了孩子的快乐，要将心比心，设身处地的为孩子着想，理解孩子的心情，这样才会真正了解孩子的内心所需。

有些孩子喜欢玩跳皮筋，跳得来劲的时候，家长非得让孩子马上回家，孩子的嘴就会撅得老高老高。为什么？因为她刚跳完，应该给别人押皮筋了。这时候走开，小朋友就会对她不满。假如好不容易等到该她跳了，而家长把她叫回家，她心里也会不满。如果家长理解孩子的这种心情，说，再玩几分钟就回家，孩子有了思想准备，"告一段落"后自觉不玩，心里的不平衡也就得到解决。

每一个孩子都有一个属于自己的小天地。他们喜欢什么，不喜欢什么，只有他们自己知道。有些孩子喜欢玩泥巴，家长看见之后往往是非常生气，不但立马拉着孩子去洗那沾满泥巴的小手，而且边洗边数落孩子。孩子有错吗？他们只不过是想玩自己喜欢的东西而已，家长的做法不但不会让孩子对其满意，而且还会引起孩子的反感，同时这种做法也扼杀了孩子的创造性思维，可见作为一个家长对孩子的正确教育是多么的重要啊。

没有理解就没有真正的爱。不用心去理解孩子，只是把自己的思想强加给孩子，只会引起孩子的反感。孩子失去了快乐的源泉，就会变的沮丧。家长的责怪会使孩子有一种恐惧的心理，潜意识的疏离家长，造成隔阂。所以说家长不能把孩子当成自己的意志工具，要时刻保持一颗童心，用孩子的眼光去看待孩子，站在孩子的立场去考虑反思自己的做法，支持孩子的正当要求，与孩子同喜、同忧、同乐，心理相通，情感交融。这样才能爱得准，爱得深，爱得正当。

（二）倾听孩子的心声，不要重才轻思想

如果你依然拥有一颗童心，一种孩童的眼光，这实在是令人高兴的事情。如果你已经丢失了它，请努力把它找回来。

童心的失而复得是人生的一种新境界。只有在这种境界里，你才可能走进孩子的心灵世界，成为孩子的心灵导师。物质上的给予比不上一颗真诚的心，用心去和孩子沟通吧。

在五年级的一节劳动课上，老师在教学生缝制椅子垫儿。正好赶上"三八妇女节"，老师就号召同学们回家后给妈妈缝一个椅子垫儿。

老师说："妈妈平时关心你们，付出了很多心血。你们也应该关心自己的妈妈。送给妈妈一个自己亲手做的礼物，就是关心妈妈的实际行动。"孩子们听了，积极性很高。

楠楠听了老师的话。回家后顾不上做作业，翻箱倒柜地找出布啊，针线啊，

忙了半天，辛辛苦苦地给妈妈缝了个椅子垫儿。长这么大，他还从来没有为妈妈付出过这么多的劳动。他多希望妈妈会因为他变得懂事了而喜出望外啊。他在一针一针缝椅子垫儿的时候，就想象着妈妈回家后看到这份特殊的礼物时的高兴劲儿。他想给妈妈一个惊喜，就把缝好的椅子垫儿先藏了起来，不让妈妈看见。

妈妈下班回家，开口问道："写完作业没有？"

楠楠回答说："还没有呢。"

妈妈一下来了气："放学这么半天，你干什么了？"

楠楠说："妈妈，今天是'三八妇女节'，我给您做了个礼物。"说着拿出了藏在门后边的椅子垫儿。

他满以为妈妈会高兴呢，没想到，妈妈不但没有什么惊喜，反而一手抓过椅子垫儿，说："你弄这玩意儿干吗？不写作业！"边说边把楠楠忙了半天做的椅子垫儿拆了。

楠楠当时气得直哭。他对妈妈的一片爱心被妈妈粗暴地伤害了。他万万没想到妈妈会这样。他大失所望。不明白妈妈怎么就不懂自己的心。

教育家经常说，教育要"抓住时机"。对上例中的妈妈来说，孩子亲手给自己缝椅子垫儿，这是一个多么好的教育时机！它的意义远不止于孩子会干活儿了。其意义主要体现在人的情感上。在孩子的一针一线中浸透着孩子对妈妈的爱和关心，浸透着孩子对妈妈的感情回报。这是一个多么好的母子情感双向交流的机会呀！

专家在对中国和澳大利亚的一些父母进行测试和比较之后，发现中国父母与澳大利亚父母有一点非常明显的差别。那就是，中国的父母最重视孩子是不是听话，是不是认真、刻苦地学习，是不是遵守纪律等等，相对来说不太重视孩子的情感和情绪表现。而澳大利亚父母却把孩子的情绪、情感放在相当重要的位置上，非常重视孩子平时的情绪状态，如孩子是不是高兴、乐观等。专家们把这种现象称作"文化差异"。

你到医院去，说"我病了"，医生会问："哪儿不舒服？感冒发烧，还是哪儿不合适？"如果你说："我心情不好，老是不高兴。"医生会说："你回家吧。我治不了。"他认为你没病。

但是，如果在西方国家，医生听到你说这句话，他一定非常重视，会认真地建议你去找一个精神科医生看一看。因为在他们那里，如果一个人情绪、情感上出了问题，会被人们当作大问题。

这种文化差异给我们的启示之一，就是我们要不要适当地转变一些家庭教育观念？比如，你望子成龙，这并没有错，谁不希望自己的孩子将来有出息？但是，孩子整天坐在那里写啊，念啊，学习，学习，再学习，他就能"成龙"吗？如果他的情绪、情感发展不正常，如果他不善于和别人打交道，如果他的"努力"和"勤奋"都是被强迫的，如果他不诚实守信，如果他冷漠无情，不善于理解别人，他将来会怎样？

教育，不要忽视心理的、思想的教育。重才轻思想，就是悲剧的根源。

家长如何关注孩子的心声呢？

1. 最好自己也"长不大"

孩子喜欢活泼幽默的父母。在孩子面前，我们做父母的，如果像他们一样爱玩爱闹，孩子就把我们当成无话不说的朋友了。为什么不少孩子喜欢一些外教，就是因为他们从里到外都像"孩子"，孩子能不喜欢"孩子"吗？特别是充满幽默感的"大孩子"。

2. 懂得情趣，懂得换花样跟孩子沟通

正面的谈话方式是可以的。但这样的沟通往往被家长演化为"说教"。结果只会让孩子觉得你啰嗦，觉得你烦。所以，多给他们讲故事、谈看法、论时事，在潜移默化中影响他们的思想，这很重要。

沟通，还有一种方法，就是跟孩子共同读一本书，各拿一张纸，把看书的感受和认识写下来，这种互相学习的感觉非常好。有心的母亲最好把这些读书笔记订起来，保留一份最珍贵的亲子沟通记录。

3. 尊重自己的孩子

我们经常可以看到这样的画面：一个孩子因为某件事对母亲谈着自己的看法，孩子仰视着母亲，一脸的严肃和专注，而母亲却在忙着手里的活计，一副漫不经心的样子。孩子正讲到激动处，母亲却一声呵斥："你懂什么，小孩子家!"孩子立即低下了头，眼里闪着泪花。

这样的画面太多太多了，或许我们就时常扮演着那位母亲的角色。这种时候，孩子的内心在想些什么呢? 成年人都有希望得到别人尊重的需求，那么作为独立个体的孩子是不是就不需要尊重呢?

在日常生活中，我们首先要站在孩子的立场上，设身处地体验孩子的真实感受，多一分对孩子的理解，少一分对孩子的训斥。只有这样，才能加强亲子之间的沟通，创造孩子成长的宽松氛围。你才可能走进孩子的心灵世界，成为孩子的心灵导师。

4. 做孩子最好的朋友

一位母亲经常对孩子说："你和妈妈是好朋友，你的喜怒哀乐牵动着妈妈的心：你高兴，妈妈就快乐；你遇到不顺心的事情，妈妈会比你更难过的。无论你遇到什么事情，妈妈都会给你出主意，一同和你商量解决的办法，绝不会因为你的所作所为而痛骂你的。"因此，她的孩子对她很信任，也愿意和她讲真话。

（三）俯身与孩子同等高度看世界

人们通常都会这样讲，孩子是天真的，他们生下来就如同一张白纸，看成人怎么在这张白纸上画出五彩缤纷的画。孩子的心灵纯洁无瑕，世界上任何事情，如果用孩子的眼光来看待，用孩子的思维方式来思考，那这世界太美好了！

朱德庸的畅销漫画《绝对小孩》描绘出了小孩眼中的世界，以及小孩世界和大人世界的拉拉扯扯，虽然看起来是在讲小孩的故事，但处处折射出对成人世界的反思。不要以为只有我们成人才能教会孩子什么，有的时候，是孩子教会了我们很多，帮我们找回内心深处被忽略的那部分，孩子的眼光永远是独特的。

女孩贝贝的幼儿园要进行圣诞节大联欢，老师在很久之前就告诉贝贝和妈妈一起准备一个节目。当时贝贝兴奋地对妈妈说："妈妈，我们在联欢会上跳个舞怎么样？"妈妈很开心地答应了下来。

于是，两个人每天晚饭后都开始排练。妈妈虽然对跳舞很在行，但这次的舞蹈动作全都是贝贝自己编排的，妈妈只是积极地配合她。

看着贝贝热情高涨地投入到排练中，妈妈感到十分高兴，她希望这次表演会很成功。

然而，就在圣诞节的前几天，老师突然通知贝贝妈妈说："贝贝妈妈，很不好意思，这次圣诞联欢你和贝贝的节目恐怕不能上了。因为你已经作为家长代表要在会前发言，如果再表演节目，恐怕……呵呵！"

贝贝妈妈很理解老师。可是，这话该怎么和贝贝说呢？贝贝都排练了那么久，心里一定会难过的！

回家后，妈妈还是婉转地把老师的意思告诉了贝贝，没想到，贝贝当时眼泪就流下来了。妈妈猛然意识到贝贝的心里一定产生了巨大的失落感。是呀，设身处地地为贝贝想一想，她认真又辛苦地编排、练习了这么多天。就为了圣诞联欢时能为大家表演，一展风采，结果突然被告知节目取消了，她的心里能不难过吗？

妈妈认真考虑了一会儿之后，给老师打了一个电话："张老师，我想知道如果我不当家长代表，我和贝贝的节目还能上吗？因为这次表演对贝贝和我来说都很重要。当然，如果确实安排不了，就不麻烦老师了。最后老师想了想同意了。贝贝听到这个消息后，高兴得跳了起来！

贝贝妈妈真是个体贴孩子的好妈妈，因为她懂得从孩子的角度去思考和感受。如果她只是从自己的角度去考虑，就会觉得一个小节目，上不上都是无所谓的；如果她只从老师的角度去考虑，就会认同老师的想法，并会很愿意协助老师；但她不仅从自己和老师的角度去看待问题，还从孩子的角度出发，理解孩子失落的感受，因此积极努力地寻求最好的解决办法。最终她做到了，不仅为孩子争取到了机会，也让老师不再为难。

父母必须能以孩子的眼光看待孩子，这是了解孩子的重要原则之一。孩子的世界是那样的简单、纯粹。孩子看待客观世界的角度是独特的，他们往往从自身的感受出发，以自身的直接体验反映对客观环境的认识，并直接表达出来。在孩子的认知里，也许根本就不知道有"虚伪"这个词，而我们也早已习惯了在这繁华浮躁的尘世中，连我们自己都快忘记了面具后面我们最初的样子……在日常生活中，我们要站在孩子的立场上，设身处地体验孩子的真实感受，多一分对孩子的理解，少一分对孩子的训斥。

只有用孩子的眼光去看待孩子，才能了解孩子的心理发展变化，了解不同时期孩子的特征，了解孩子内心的欢乐与苦恼，加强与孩子的沟通，才能缩短父母与孩子之间的距离，为孩子的成长创造一个宽松舒适的氛围。

米老鼠的创始人迪斯尼先生，总是在自己的迪斯尼乐园里蹲下身子四处看看，模拟孩子的身高和视角，按照小孩子的喜好设计更多适合他们的游乐设施，为全世界的孩子带来了更多的欢乐与笑声。

孩子的身高与家长的身高不同，个子高的人与个子矮的人观感自然就不一样，这是视线的落点不同所致。同样看一个东西，大人首先看到与视线平行的上半部，而小孩子则更多地看到下半部。所以彼此经常说不到一块儿。只有当大人放低自己的身段，学会用小孩的视角看问题时，双方才容易找到共同语言。

圣诞节晚上，一位母亲带着五岁的女儿去参加圣诞派对。五彩缤纷、灯光闪耀的房间里挂满了可爱的小饰物。糕点、糖果、火腿、烤火鸡、香槟等各种各样的美食摆满了餐桌，高大、茂盛的圣诞树上挂满了诱人的礼物……母亲兴高采烈地和朋友们打着招呼，领女儿在晚会的各个角落之间穿梭。她以为这些美丽的东西和新奇、友好的氛围会让女儿很开心，但事实上女儿一直很不高兴，甚至几番哭了起来。她耐心地哄女儿，并让她做一些诸如向大家问好，自己吃点儿东西一类的事情，但女儿什么都不照做，甚至最后要赖一样坐到地上，鞋子也甩掉了。

她气愤地把女儿从地上拖起来，严厉地训斥了一番，然后蹲下来给小女孩穿鞋子。就在她蹲下来的那一刹那，她惊呆了：她的眼前晃动着的全是巨大的臀部和粗壮的大腿，而自己刚才所看到的笑脸、美食和鲜花完全被这些无聊的巨大物品所遮挡。

她明白了女儿为什么会不高兴，她蹲下来的高度正是女儿的身高，而在这个高度所看到的世界，不仅是毫无美感和趣味的，甚至是面目可憎的。

她马上抱起孩子想离开这个派对，可就在此时，原本哭闹的小女孩突然不哭了，并且指着远处笑了起来。妈妈顺着孩子的手看过去，噢，原来圣诞树上挂着一个可爱的玩具！

小女孩此时才刚刚被新奇、有趣的圣诞晚会所吸引。于是，妈妈就一直抱着她，直到晚会结束。小女孩度过了一个非常美好的圣诞夜晚！

以往，我们在提到和孩子保持平等时，往往指的都是心理上的平等。而这个故事提出了一个新的视角——高度的平等。让孩子和我们同处一个高度时，他们才能发现、感受和我们同样的乐趣。同样，当我们和孩子同处一个高度时，才能真正明白孩子的心中所想，眼中所见。

　　"爸爸，屏幕是黑的，我看不见！"小女儿扭过笑脸对我说道。我看了一下笔记本电脑屏幕，说道："很好啊！看得很清楚呀。"

　　女儿正在看动画片，似乎有好几次都这样说过，我没注意过。我看看孩子，又看看屏幕，我似乎明白了些什么。我弯下腰，和孩子一般高低，看屏幕，心中一跳，不觉叫出声："啊！确实屏幕暗，图像不清。"看来，笔记本的屏幕与电视的屏幕还是有区别呀！我赶紧把屏幕的位置调整了一下，小孩子拍手叫道："好了，看清楚了，爸爸真棒！"

　　就像看电视，频道找对了，才能看到好节目。若我们还是用大人的眼光、大人的高度教育孩子，孩子们受到的何止是委屈，更是一个不完整的世界呀！蹲下身子才能看清孩子们完整的世界，看清了才能说到孩子们的心坎上。

　　我们让孩子玩一个游戏，这个游戏的难度超出孩子现有的理解能力，但我们又不向他做任何讲解，结果孩子总是不知道该怎么玩，每次尝试都失败，那么孩子的感觉会越来越糟糕，不用别人说，他也会觉得自己很笨。

　　我们一些热衷于所谓"智力开发"的父母，积极地对幼小的孩子进行读写算训练。那些学业知识不符合幼儿的认知特点，孩子虽然也能靠鹦鹉学舌的方式死记硬背下来，但并不理解，所以往往并未能促进他们的智力发展，反而给孩子带来了无形的压力。

　　要想教育好孩子，首先我们家长要蹲下身子，看清孩子们的世界，用孩子们的眼光和思维去引领孩子，孩子们才能进入自由的发展轨道。

（四）让孩子快乐，还是让孩子成功

一旦为人父母，一个问题就摆在了面前：孩子的人生开始了，这一生我是该让孩子快乐，还是该让孩子成功？

"成功派"的观点是：人生就是要追求成功，没有成功谈不上快乐，为了成功，即使让孩子们先"痛苦"若干年也在所不惜。"梅花香自苦寒来!"；"快乐派"的观点是：人生理当活得快乐，没有快乐的成功毫无意义，只要快乐，孩子没出息也无所谓。"我平庸，我快乐!"

其实，快乐与成功的关系远没有这样简单。二者既是矛盾的，又是相容的，还是并列的。

有的孩子既成功又快乐，失败不能令他们沮丧，烦恼也不会妨碍他们继续追求成功。对这种孩子，既不必强调成功，也不必嘱咐他们去寻求快乐。有的孩子看来很成功，但是快乐的源泉过于狭小，完全寄托于练好妈妈让练的钢琴，那么一旦练不好，就有可能崩溃。对这种孩子，就不能过于强化狭隘的成功意识。

有的孩子潜力本来很大，但整天嘻嘻哈哈、打打闹闹地过日子，这时候适当强化他的成功意识，或许能使他活得更充实，也更快乐。

有的孩子每天无忧无虑，学习也尽了力，但不是特别出色，这时家长若拼命逼其"成功"，则有可能使其既失去快乐，又失去其本来可能获得的那种成功，终成一个心灰意冷的失败者。

有的孩子只有成功才能快乐，有的孩子成功不成功都可以快乐；有的孩子只有快乐才能成功，有的孩子皱着眉头也能得到成功。世界是复杂的，孩子什么样的都有，想按一个或几个公式来塑造孩子，极不明智。"快乐派"和"成功派"的家长都太急于"简化"真理了，他们很可能缺乏"因人施教"的耐心和水平，而这是一个优秀家长必备的条件。

大部分美国家庭的父母对孩子有一种超然的包容和关爱。他们接受孩子的全部，包括缺点。他们不会强迫子女一定要去实现父母的梦想，而是让孩子在自己创造出的最大空间里，力所能及地发展。中国父母，从某种意义上来说，对孩子的付出，要比美国人多得多。比如，中国父母不惜一切代价，甚至拿出自己养老的基金，让孩子接受最好的教育。美国华裔家庭，几乎每一家都不惜血本地让孩子学习钢琴、小提琴、舞蹈、绘画、运动等等。甚至，上了美国名牌大学的华裔子女，如果选择了"没钱途"的专业，比如历史、文学科目时，有的父母即刻出来命其改学其他专业。

应该说，中国父母和美国父母都爱自己的子女，不过美国父母爱子女爱得比较超然。他们爱孩子的所爱，爱孩子的志愿、孩子的梦想，其中包括孩子的美中不足。

而大部分中国父母，是为了在孩子身上实现自己的梦，而去爱孩子、管孩子、鞭策孩子的。更直接地来讲，中国父母有一种强烈的占有欲，因为你是我的孩子，你是我的，我要求的是这样，所以你就要这样。美国父母和孩子之间，成长路上多为朋友关系，到了孩子18岁之后，更是你走你的路，我过我的日子，就是孩子回来看父母，到餐厅一起用餐时，也常各付各的花费。然而在中国父母的眼里，孩子永远是孩子，孩子像风筝一样，飞得再高再远，父母都不会放开手中的线。

1942年8月，老舍先生曾写过一篇题为《文艺与木匠》的文章，其中有这么一段："我有三个小孩。除非他们自己愿意，而且极肯努力，做文艺写家，我决不鼓励他们，因为我看他们做木匠、瓦匠，或做写家，是同样有意义的，没有高低贵贱之别。"所以，别强迫孩子。让孩子选择自己的成长道路。具体应该认识到以下几点：

1. 认识到成长不等于成材

很多父母将孩子的成长与成材相等同，往往忽视成长、直奔成材，甚至将成材恶俗化，认为成材就是上大学。其实，社会是需要多方面、多层次的人才的，要做到人尽其才，而不是学历至上。因而，孩子的出路并非只有"上大学"这一条。大量的专科及高职类院校同样是他们求学成材的好去向。另外，若高中毕业后未能升入高一级的学校，走上社会成为自食其力的劳动者也是另一种形式的成材之路。在谋生的征途中可以自学深造，这样的事例在广大城乡有着数不清的人在实践着。他们用自己的行动告诉世人：世上千百行，行行出状元。

2. 从孩子的实际出发，及时调整自己的期望值

对有能力冲击大学本科层次的孩子，要鼓励其刻苦学习。这一过程中应时刻告诫自己的孩子：人首先要学会做人，然后才能成为人才。而对于因各种因素无力冲击本科院校的孩子，作为家长更应该静心分析一下自己孩子的实际情况，切不可鲁莽心急、草率地放弃管教，也不能怨天尤人。要想有效地帮助孩子提升，一定要先仔细分析其学业成绩差是智力因素造成的，即由于基础差、接受能力差而导致跟不上，或由于课文内容深、难，致使难以理解、消化吸收所造成成绩不理想，还是因非智力因素的影响。

3. 与老师配合一致，同时自己也要身体力行

家长应多与老师交流，尤其是与孩子的班主任老师配合好，决不能以为把孩子送入学校就万事大吉，等着拿高校录取通知书。孩子进入高中后，作为家长切不可只关注孩子的学业成绩，不管其思想品德及言行举止。因为这一时期的孩子可塑性极大，而且现在的外部环境又是错综复杂的，孩子的心理承受能力也并不是很强，遇到挫折和失误如何面对，其父母的影响极为重要。

二、 语言适当， 做孩子的 "好榜样"

随着孩子的成长，慢慢的你会发现孩子越来越顽皮了，这时候就要适当选用合适的家庭教育方式了，表扬和批评是家庭教育常用的方法。家长用表扬或者批评表明自己对孩子的思想行为是鼓励赞同还是制止反对，即使一个微笑，一个眼神，甚至缄默不语，都可以构成褒奖和贬罚的含义。但是不同的语言有着不同的魅力，语言适当才会对孩子的成长起到促进作用，所以这里存在一个把握分寸的问题。

（一）对的语言有"正能量"，错的语言有"杀伤力"

语言在教育过程中的神奇力量已经逐渐受到重视。每一个成长中的孩子都渴望被父母肯定，被老师肯定，被社会肯定。一句赞美可能会极大地鼓舞孩子，让他重新建立起自信；一句批评也可能会让孩子彻底泄气、一蹶不振。只要能针对孩子的优点去夸他、肯定他，他必然会变得更好。换而言之，你对孩子说什么样的话，孩子就会成为什么样的人。

有个男孩子曾经趁父母不在家的时候，一个人把家里收拾得干干净净，想给妈妈一个惊喜。可妈妈一回来，只是简单地说："你真是个勤劳的好孩子！"孩子一听马上就烦了，扫兴地说了一句："真没劲！"而另一个男孩子也是趁父母不在家的时候把家里收拾得干干净净。当他妈妈回来时，发现屋子整洁干净，马上表现得很意外的样子说："嘿！真没想到呀，你还有这一手呢！这屋子打扫得真干净，快让妈妈下岗了！"孩子听到妈妈风趣的评价，得意极了，对做家务的兴趣立刻又增加了许多。

可见，赞扬是个与孩子沟通、拉近感情的好办法，但是一定要讲究技巧和方法。夸奖孩子不能简单地戴高帽，那样只会引起孩子的反感。要让孩子感受到别人对他行为的反应，了解到自己的行为会对别人产生影响，从而学会改变自己，适应他人的要求。

一句话由不同的人说出来，可能听者就会体会出不同的含义。这就是语言的神奇之处。同样是希望孩子关掉电视，专心写作业，有的父母会说："什么时候了还在看，快去做功课！"即使孩子勉强坐到了书桌前，心里肯定还想着电视里的节目。"孩子，再看十分钟就去做功课了，好不好？"这比起刚才的怒吼，商量的口气会让孩子觉得受到尊重，也没有了反抗的理由。

孩子顶嘴时，家长都爱说这句话，虽然很多孩子在家长说了"住嘴"以后不吱声了，但是孩子心里面的想法却会越来越多。孩子会愤愤不平地想：我明明就是对的，懒得和你说了！也有的是因为知道继续顶嘴的话将会挨打，无奈只好停止争辩，实际上心里是不服气的。孩子是闭嘴了，可是矛盾还在，问题也没解决，为下一次的争吵埋下了隐患。其实，孩子顶撞家长并不是一件坏事，每个孩子都有自己的想法，一味地顺从父母并不是件好事，父母应该尊重孩子争辩的权利，耐心地听孩子说完，指出他说得不对的地方，这样才能建立更好的亲子关系，发掘孩子的个性。

语言是一门艺术，如果能抓住恰当的时机，运用激励性的语言与孩子进行沟通，就一定能够达到事半功倍的效果。在孩子成长的过程中，父母不仅是他们的引导者和促进者，更应该是一面放大镜，耐心细致地去发现孩子身上的闪光点，然后运用恰当的语言，使孩子的这些优点得到放大和展示，以增强孩子的自信心。

对的语言有"魔力"，它不仅能够让孩子变得更"听话"，同时也能让孩子在无形当中获得来自父母的鼓励。最重要的是，父母的说话方式会对孩子产生影响，通过对父母的模仿，孩子能够获得语言交流的技巧，这对他们将来与人沟通和建立人际关系具有非常重要的影响。

错的语言有着致命的"杀伤力"，会让一个乖巧的孩子变得叛逆而不服管教，也会让亲子关系跌到谷底，使父母和孩子站到对立面。家庭是孩子出生后接受教育的第一个场所，是人生的第一个课堂，父母就是孩子的启蒙老师，在这个过程中，父母的一言一行都会对孩子的将来产生巨大的影响。

正确和积极的语言有助于孩子点燃自信的火苗，为孩子的人生点燃亮光，消极的批评性的语言，会打消孩子的积极性，从而失去做事情的耐心，只有把握好语言的尺度，适当地赞扬，巧妙地批评，才能让孩子拥有一个健康积极的童年。

（二）掌握孩子能够接受的批评技巧

每个孩子都会犯错误，没有不犯错误而成长的孩子，孩子犯错误并不可怕，可怕的是父母的教育方法不当。有的父母在孩子犯错误之后，大声地呵斥孩子，给孩子幼小的心灵造成了极大的伤害。父母是孩子的第一任教师，对孩子未来的发展起着至关重要的作用。批评，是孩子不愿意接受的，可是，家庭教育是离不开批评的。如果孩子学会了"善待"批评，批评完全可以如同表扬一样，鼓励孩子前进，而且可以起着表扬难以达到的警示作用。

美国人认为，孩子还小，做事还不老练成熟，这是孩子的特点，因此，孩子做错事是难免的。但是，并不是孩子做错了事情，就一定要狠狠地批评一顿，才能教育好孩子。

8岁的马丁，不小心把一杯牛奶搞洒了，他的妈妈却平静地说："哦，牛奶泼了。来，再给你一杯，喏，这是抹布。"妈妈站起来，递给儿子牛奶和抹布。马丁看着妈妈，紧张的心情顿时松弛下来。他稍有余悸地说："哦，谢谢妈妈。"在妈妈的帮助下，他抹掉了饭桌上的牛奶。然后，妈妈才说："马丁，下次小心点。"儿子顺从地点了点头。从此以后，他再没洒过牛奶。马丁的妈妈没有尖刻地批评孩子。她后来说："当时看到刚刚擦好的桌子上满是白色的液体，我很想埋怨孩子，要他下次小心。但是，当我看到孩子对我的宽恕感激的样子，我就什么也没说。其实，这样比批评他一顿的效果好多了。"

这就是美国父母对待做错事孩子的态度。这一做法很值得许多中国做父母的人去借鉴。

父母批评孩子的目的绝不是使孩子心灰意冷、垂头丧气，而是帮助孩子认识错误，改掉缺点，大踏步地前进；父母批评孩子的目的绝不是自己出出气，而是为了教育孩子；父母批评孩子也绝不是单纯地因为孩子的过失给自己丢了面子，使自己伤了心、生了气，而是因为孩子的思想言行违背了社会的道德要求，如果不及时给以强刺激，孩子的缺点、错误就会越来越严重。所以，为了挽救孩子，为了使孩子得到警戒，父母才批评孩子。如果这个目的自始至终十分明确，父母就会理智、冷静地对孩子进行批评，而不会为出气，说出出格的话，做出过火的行为了。

一般来说，在批评孩子的时候，应针对孩子的错误进行批评，重责其事、轻责其人，使孩子真正了解自己错在哪里，从而进一步检讨自己的错误。"循循善诱，充分的说理，是家长教育孩子的重要手段。"在批评孩子的时候，跟孩子说理不仅需要有耐心，还应结合少年儿童的心理特征，选择恰当的方法和技巧。

孩子犯错后，情绪往往会比较低落，心情往往也会受到影响，父母在批评孩子后，应及时给孩子一些心理上的安慰，以从语言上来安慰孩子，比如说些"没关系，知道错了改正就行。""我知道你是个聪明的孩子，自己会知道怎么做。""爸爸妈妈也有犯错的时候，重新再来。"之类的话；也可以从行动上安慰孩子，比如，握握他们的手，拍拍他们的肩，或给他们一个微笑、一个拥抱等等，这样就会让孩子感到，虽然他们犯了错，但家长还是爱他们的，也还是信任他们的，他们会对家长充满感激，也会对自己充满自信。

中国有句古语："数子十过，不如奖子一长。"美国人也认为，跟孩子讲道理，应充分肯定孩子的长处，对孩子的进步给予及时的表扬和鼓励，在此基础上再对孩子的错予以纠正，这样孩子就容易接受大人的意见。

"人非圣贤，孰能无过"，尤其是孩子，更容易犯错误。作为父母，当孩子犯错误时，不要急于批评，先要问一问原因。不能只是一味地责骂，那样只会更加伤害孩子。父母在问清楚孩子犯错的原因后，要及时对孩子说明他的错误所在，这样才能使他充分地反省，改正错误。

批评的目的不是一味地责怪孩子，而是让孩子认识到自己所犯的错误，及时的纠正，并争取下次不再犯类似的错误，父母要正确地引导孩子，而不是棍棒的责罚或是辱骂，那样只会伤害孩子幼小的心灵，把握好尺度，才能收到好的效果。

（三）从"心"出发，倾听孩子的内心

我们曾经也是孩子，也曾因为父母拒绝了我们的正当要求而难过，或因为一次误解遭斥责而伤心……这种伤害往往留下难以抚平的伤痕，有时甚至会伴随我们一生。今天，做了父母的我们，却因为工作、生活的压力和烦恼而把不良情绪发泄到孩子身上，全然不顾孩子的心理变化和承受能力，这是不应该的。

在家庭教育中要善听孩子的弦外之音，才能明白孩子的真实意图。而许多父母老是在那里自以为是地评价孩子，总是打断孩子的话，使他们根本无法完整地表达一件事。更何况，父母的评价总是站在成人的立场上，有些评价对孩子来说也许不太适合。

在一个闷热的下午，李心洁浑身是汗地骑着自行车在人流、车流中艰难地行进。女儿坐在李心洁的车后座，向她讲着在班里与同学闹别扭的事，劳累疲惫、心里正烦的她毫无反应地听着。

渐渐地，女儿的声音弱了下来。突然，她小声说："妈妈，我差点儿忘了，老师让买一盒橡皮泥。"李心洁不耐烦地说："早干吗去了，刚才路过文具店为什么不说！"谁知当她极不情愿地带着孩子返回文具店时，女儿竟然气鼓鼓地自己跳下车。恨恨地说："不买了，回家！"说完，头也不回地径直往家走。

一进家门，李心洁就冲到女儿面前质问她为什么这么不听话。女儿眼泪汪汪地望着她说："妈妈，你知道吗，我们小孩子也很可怜！"李心洁一下子愣住了，像遭到重重的一击。女儿的小脸通红，哽咽着："妈妈，你们父母心烦的时候，可以冲我们发火；我们心烦的时候，找谁发火呢？你知不知道，我们有时也很难受……"孩子的话使李心洁的内心长时间都无法平静下来。

"我们也很可怜"，这句话使李心洁猛醒。她知道，自己粗暴的态度已经伤害了孩子幼小的心灵。望子成龙的殷殷期望、缺乏兄弟姐妹的亲情沟通、繁重的学习压力……他们太需要心的交流和沟通了。许多父母常常忽视了这一点，而只关注孩子的学习，只看重每次考试的分数，却不知道这样做会不利于孩子心理的健康成长。所以，许多的孩子因此变得不愿和父母说话。在这种环境下成长起来的孩子，又怎么不会和父母产生代沟，又怎么不会心生隔膜呢？

从这以后，李心洁就开始有意识地给自己的心灵留出一块空间，去容纳孩子的喜怒哀乐。她知道不仅应该在学习和生活上关心孩子，更应该悉心地去体味孩子那一颗渴望得到理解的心。

从此，她与孩子之间的沟通越来越密切，代沟这堵墙在她们之间消失得无影无踪。

父母应该做的是：认真听完孩子的话。这不仅是在对孩子进行平等做人、平等对待别人、平等对待自己的教育，也是走进孩子心灵的有效手段。然而做孩子忠实的倾听者，是需要付出时间和耐心的。作为孩子的父母，只有真正换位思考，对孩子的诉说才会认真听下去，才能在交流中产生互动。否则，没等孩子说两句话，就不耐烦了，那会伤了孩子的自尊心。

因此，作为一个称职的父母应学会倾听、乐于倾听，并善于倾听孩子的弦外之音，才能真正学会从孩子的倾诉中真切地感受和把握孩子的喜怒哀乐，真正了解孩子在想些什么，要求什么，希望什么；才能真正领会孩子的思想意图，分享孩子的快乐，真诚地为孩子的进步而高兴，为孩子的成功而喝彩；才能有效地用父母的体贴去化解孩子的烦恼，营造出充满爱意的温馨家庭环境，也才能赢得与孩子的真诚友谊。

倾听孩子弦外之音的最主要目的在于建立亲密的关系，帮助孩子发展健全的性格。

亲子关系品质的加强要依赖于倾听，除了建立亲密关系外，还能为孩子的成长提供良好的素材。孩子在人生旅途中会发展成什么样子与父母有很大的关系，但父母很难决定孩子这一生会走的方向，影响层面在于父母们提供了什么素材与对待他的方式。所以倾听孩子的弦外之音有两种目的：一方面让孩子发展健康性格；另一方面帮助孩子发展"人生脚本"。

有人说，教育就是不断消除误解的过程。倾听孩子的弦外之音，可以增进沟通，促进理解。一个孩子就是一个世界，父母们都应学会倾听，倾听他们的话语，倾听他们的心声，倾听他们对世界的理解和对未来的梦想。

父母们都想保护孩子，以免他们失望、受挫或与别人发生冲突，但父母不能将他们永远地置于自己的保护之下。父母能够做的就是帮助他们理解并处理不愉快经历的感受。通过与父母共同分担不愉快的感受，孩子将会减少伤害和压力，同时也逐渐增强了对自己情绪的控制能力。在面对挑战和日常生活中的失意时，他们将会做出较好的选择。

怎样才能更好地倾听孩子的弦外之音呢？下面介绍的几种行之有效的方法，以供父母们参考。

1. 接受和尊重孩子的所有感受

孩子向父母诉说时，父母应安静、专心地倾听，但不给予评判。父母不必接受孩子的所有行为表现，而只是接受他的感受。例如，孩子可能会告诉父母自己对小伙伴有多生气，但父母不能允许孩子通过嘲弄或打人来表达他的愤怒。

2. 向孩子显示你正在听他讲话

孩子向父母诉说时，父母的关注表示自己对孩子的尊重和自己愿意分担孩子的想法和感受。当孩子开口向父母讲话时，父母应停下正在做的事情，转向他，保持目光接触，并仔细地听。同时还要通过点头或不时地用"嗯……"，"是的……"等来显示对他的注意。

3. 告诉孩子你所听到的以及你的想法

不时地总结、重述或复述孩子所讲的关键内容，包括他的感受以及导致这种感受产生的情境原因。仅仅倾听和理解是不够的，父母还必须用语言对他所说、所想及所感的事情做出反应。但尽量不要逐字地重复孩子的话，应使用相似的语言来表达相同的意思。

4. 对孩子的感受进行确认

在仔细听取孩子的诉说并观察其面部表情后，对他的感受进行猜测并试着确认。如果第一次的猜测不正确，再试一次。讲话时要尊重孩子，保持冷静，且语速要缓慢。当猜测不正确时，应鼓励孩子帮助父母纠正。

　　只有在帮助孩子确认其感受之后，父母才能给他提供忠告、建议或教他以不同的方式看待事情。如果父母先给予这些帮助，那将会妨碍孩子努力去表达和理解自己的感受。

　　总之，只有当父母真正理解孩子的表达时，才能和孩子进行有效的沟通。

三、 交流密码， 做孩子最好的 "好朋友"

许多家长在关注孩子的成长问题上，越来越多的陷入了诸多误区。在一味忙于满足孩子物质需求的同时，孩子们真正需要关注的心理需求却被严重忽视。对于处于成长阶段的孩子来讲，家长对于孩子的影响甚大，如果一味的强调"物质主义"，孩子们的人生观和价值观有可能会偏离正常的轨道，逐渐走向扭曲。关注孩子，更要关心他们的内心，这对孩子的健康成长和全面进步有很大的推动作用。

（一）父母应该有"先知"的精神，及时知道孩子的苦恼

长久以来，有些家长总是在忙于满足孩子的物质需要，而经常忽略孩子的心理和精神需求。为了给孩子创造好的生活环境，加班加点、拼命工作赚钱，没有时间陪孩子玩耍，没有心情和孩子聊天，开口学习，闭口成绩，给孩子造成巨大的心理压力。但是他们却并没有意识到，一味的认为自己的做法是为了孩子好，却不知道孩子自身的苦恼。

考试、作文得了高分被怀疑抄的；花瓶碎了，钱少了，比自己小的弟弟妹妹哭了，被认为是自己干的；自己出于好心做一件好事，做砸了，或者还没做完，就被误以为淘气狠批一顿。

即便你是孩子的父母，也没有权利去强行的指责孩子，孩子都是有自尊心的，没有调查就没有发言权。即使孩子淘气、不懂事、有"前科"，我们在弄清真相之前，也应该把疑问藏在心里，不要轻易兴师问罪，被冤枉的滋味可不好受，这样的行为是对孩子极大的不信任和不尊重。想想我们被朋友或者领导怀疑和冤枉的滋味，我们就知道孩子内心多苦恼了。

最初，孩子有了烦恼后，也没有一个不想把自己的父母作为最好的倾诉对象。只是有些父母的不耐烦和长篇大论的空洞说教把孩子越推越远，让孩子的不良情绪非但没有及时排除，反倒越积越深，进而形成恶性循环。于是，从小就乖巧可爱的宝贝，在家长眼里不知怎么就变成了一个不羁少年。

大人不懂得谦让，经常互相责怪。其实，无论是父母吵架，还是父母和老人不和，对于孩子来讲都是心理上的电闪雷鸣、雨雪交加，但苦于自己年龄尚小，无能为力，只好躲在角落里暗自抽泣。

和谐的家庭气氛对于孩子的成长，就像充足的阳光和水分。父母的关系就是孩子的天气，孩子的心灵还很稚嫩，恶劣的天气不仅妨碍孩子身心的健康成长，往往还会留下终生的心理阴影。构建温馨、互爱的家庭，是父母对孩子应尽的责任。

无论是穿衣服、时间安排，还是交朋友、选报兴趣班，都不能自己做主。大人的解释永远是：小孩子懂什么，这都是为你好。

父母包办的现象在中国十分普遍，要么是父母放心不下，要么是认为自己的想法才是正确而重要的。其实，即便孩子再小，也是一个人，他们的兴趣和感受需要尊重。他们应该有一定范围内的自主权，只有给他们自己做主的机会，他们才能发展自己的个性，才不至于毫无主见。对于交朋友，我们应该给他们原则性的指导，但是最好不要具体的干涉。其实，什么样的朋友有什么样的好处，学习不好的朋友可能胆子大、脑子活，也可以丰富孩子的性格，我们成年人不也是什么朋友都要有吗？

日记被看、书包被翻是家常便饭，还美其名曰：上级审查。

讲一个故事，有一个女孩，父母怕她过早谈恋爱走弯路，形影不离，没收了手机，上学放学父母轮流护送，孩子回家就被锁在房间里。女孩为此产生了极大的抵触情绪，要给大人一点"颜色"看，结果就是在父母看管最严的时候，女孩怀了孕。记者采访时，女孩说："手机上交，我可以借同学的，我有家里的钥匙，他到了我家楼下，电话打给我，我就从窗口把钥匙丢下去，他到我家开门，然后我就出去了。父母把我反锁在家里根本没效果。他们越这么'关押'我，我就要给他们点颜色看，我怀孕就是给他们的'颜色'，是他们'逼'出来的。"这是现实中一个让人十分痛心的真实故事。且不说这种方式对孩子的不尊重，就事情本身而言，看管和监控，不仅无效而且是危险的，所谓"不塞不流，不止不行"。

孩子不是管出来的，父母不要总把自己的思想意识强加给孩子，如果发现孩子有什么不良的行为，父母可以静下心来与孩子正常的沟通，而不要用父母的权威去威胁孩子，只有帮助孩子树立正确的人生观、价值观，才能正确地引导孩子走上健康之路。

（二）多与孩子谈心，解开心里不快乐的"黑魔法"

在这个紧张不安、充满竞争、快速发展的社会里，每一个人都会遇到压力。现在好孩子们要面对很多问题，课业负担重、学习时间长、父母管得过死、考试不及格、竞赛不入围、上不了重点校、和同学老师关系不好等等，都会给孩子带来心理压力，影响孩子个性的发展。特别是那些性格内向的孩子、学习成绩差的孩子、单亲家庭的孩子、智障或有生理缺陷的孩子、调皮或常犯错的孩子，他们面临的问题更多，再加上一些家长不能正确地对待他们，这些孩子在遇到不愉快的事情时，就会有话不敢说，忍气吞声，心理的积郁得不到疏散。久而久之，他们就会表现出注意力不集中、行为迟钝、精神不振、人际关系紧张等不良状况。

有这样一个女孩子，上小学时学习一直很努力，成绩也不错。妈妈一天到晚说："好好学习，一定要考上好中学，考不上好中学就没有出路。"在妈妈的督促和自己的努力下，她如愿以偿，考上了理想的中学。妈妈又说："你在班里的成绩要进入前十名，否则就没有发展前途。"这个女孩子不懈努力进入了前十名。妈妈又说："你得争第一，这就是出路。"很自然，接下来妈妈会要求考大学，考名牌大学，否则就一事无成。

这个女孩子就在妈妈无休止的要求中艰难地成长。

她在日记中写道："妈妈无止境地加码。压得我实在喘不过气来……每当我实现了妈妈的愿望，妈妈就高兴极了，此刻我就成了天上的星星；当我失败没达到妈妈的要求，我就成了地上的狗熊，无休止的奚落就会劈头盖脸地扑来……

"多少年来，在我的心中只有第一，必须第一，无数个第一整天在追赶着我，我真是太累了……"

许多父母和老师说，现在的孩子太娇气，心理承受能力太差。一个人只要参与社会生活，就会遇到各种压力、困难和挫折。对此，有的人坚强、乐观，勇敢地去战胜它；有的人就显得懦弱、悲观，处处逃避它。做多大的事需要多大的心理承受能力。要使孩子逐步形成遇忙不乱、遇惊不颤、宠辱不惊的心理品质，保持心理健康。家长要从关心孩子出发，有爱心、有耐心地与孩子多谈心，做孩子的知心朋友。只有这样，才能使孩子的郁闷得到疏散，使孩子每天都有个好心情。具体可采取以下几种做法：

1. 父母不要给孩子制订不切实际的奋斗目标

不要给孩子的行为太多的约束。如果不顾孩子自身实际，只知道让孩子这个拿第一，那个要优秀，就会给孩子造成巨大的压力。还有的父母只让孩子学习，这也不让干，那也不让干，这也会让孩子感到压抑。

2. 要让孩子有足够的休息和娱乐时间

如果孩子不能得到足够的睡眠，休息不好，就会感到身心疲劳，无法集中精力学习，最终让孩子感到紧张，给孩子带来压力。娱乐是化解孩子压力的较好途径，与孩子一起做游戏，使孩子沉浸在快乐的事情之中，压力就会被抛到九霄云外了。

3. 积极鼓励孩子

做父母的还可以采取积极鼓励的态度来大大减轻孩子的学习压力，相对的，父母对孩子的否定态度则往往会增加孩子的学习压力。有的父母往往会这样说："你看某某又得了满分，你又只有 80 分，真笨，没出息!"而持积极鼓励态度的父母则可能说："虽然你比他考得差些，但只要你像他那样努力，你就可能做得比他更好。"所以，要想减轻孩子的压力，应该理解孩子，多与孩子交流;应该尊重孩子，对孩子表示信任;要积极鼓励孩子，尤其是在孩子失败的时候。

4. 教孩子思维不要绝对化

要让孩子多渠道思考问题，不要把人生的希望放在"必须"和"惟一"的赌注上。否则一旦失利，他们就无法承受，要从绝对化的思维方式中解放出来。

家长把进大学深造看作是孩子的惟一出路，很自然孩子就会潜移默化地接受家长的思想，一心一意努力奋斗，为上大学而学习。那么在竞争激烈、强手如林的考生中，如果孩子一旦失利，没有迈进大学的校门，你想他会有出路吗，他还会有希望吗? 因为他把出路和希望都寄托在"一定"或"必须"上了? 后果可想而知，因中考、高考失利而自杀或出走的事例还少吗? 这还不值得我们深思吗?

5. 教孩子平时广交朋友

有的孩子，在家与父母意见相悖，发生分歧，父母无休止的叨唠、训斥、指责，使他感到压抑、无助。在他的眼里，此刻的家已失去了往日的温暖。人，都有偏激、固执、失衡的一面，此时的他不理解父母在训斥、责备中的爱护和期待，而只是一味强调眼前的不解。这时，如果他把自己的苦恼、不解与朋友交谈发泄，就能分解他的忧愁，平缓他的情绪。若有善解人意、开明豁达的朋友，开导帮助他理解父母的爱护和关心，那苦恼以及对父母的责怪，也许就会转化为对父母的理解和感激。

（三）让孩子轻松成长，不要压抑孩子内心的感情

家是一个温暖的地方，家是一个可以自由表达的地方。当孩子受到挫折或表达负面情绪时，父母不要急于否定孩子，而是要静下心来倾听孩子的心声，同时让孩子有机会宣泄不良情绪。研究表明，长期压制孩子的情绪，使之不能及时地发泄，这样的孩子多半会有自闭的倾向。当父母错怪了孩子使孩子受到委屈的时候，孩子的内心已经感受到了极大的伤害，父母一定要善于倾听，不能压抑孩子内心的感情。

4岁的文文是一个固执的小女孩，她对自己认准的事情从不轻易回头，一旦感觉到不如意，她就会发脾气，找理由哭闹。她的妈妈对此十分头疼。有一次，妈妈向幼儿园的老师请教："我家文文脾气一上来，无论我们怎么劝都不行，真是软硬不吃，我都不知道该怎么办了。"

老师对文文的妈妈说："文文在幼儿园的时候很乖，从来不发脾气。她在家发脾气肯定是有原因的。"

听了老师的话之后，妈妈留心观察了几天。果然，她发现文文总是在父母不耐烦或有恼怒表情后开始"发怒"，而且纠缠不清。妈妈有些醒悟了：也许文文看到父母生气，会想到他们不再爱她，因为这种害怕的心理，所以才会发脾气。

找到原因就好办了。有一次文文又闹起来，这回妈妈没有训斥或表现出厌烦，而是和颜悦色地抱着文文说："妈妈知道你心里难过，能不能告诉妈妈你为什么难过呢？"

妈妈这样和颜悦色地问了几遍之后，文文终于吞吞吐吐地说："我看你刚才生气，以为你不喜欢我了。"

妈妈听了，赶紧安慰她："乖孩子，妈妈怎么会不喜欢你？刚才妈妈情绪不好，所以对你的态度也就不好了。可妈妈是喜欢你的，你要相信妈妈。"

听妈妈这么一说，文文就破涕为笑了。

这个案例中，文文的妈妈发现文文发脾气是因为担心妈妈忽视了自己，她找到了女儿发脾气的原因，也就找到了让女儿少发脾气的办法。

让孩子的情绪得到正常的发泄有助于孩子良好性格及情绪的发展。如果在孩子发脾气时横加干涉，用权威的压制让她把不好的情绪收回，那么，孩子的不良情绪在内心长期积压，很可能会发展成一个胆小或者有双面性格的人。所以，父母要适当地给孩子发泄情绪的机会。

当孩子受到委屈时，父母应该设身处地地理解孩子当时的心情。当孩子向你表达某种感受时，你可用孩子的原话表示你对他的理解。这种方法，在心理学上称作反射情感。只有使孩子的情绪发泄出来，孩子才会趋向平静。

如果家长不顾孩子的感受，看到孩子委屈的样子就责骂孩子，只会火上浇油，使孩子越加感到不满和委屈，使孩子的负性情绪的能量成倍地增长，这更不利于孩子的身心健康。

为了能够更好地促进孩子身心健康的发展，父母应该多换位思考，站在孩子的角度去考虑孩子的感受，当孩子委屈的时候，适当地让孩子发泄，及时地与孩子交流和沟通，这样才能做孩子最好的朋友。

（四）换位思考，理解孩子的逆反心理

逆反心理就是指人们彼此之间为了维护自尊，而对对方的要求采取相反的态度和言行的一种心理状态。孩子到十二三岁的时候，往往容易产生一种与家长相抵触的情绪。他们心里有话宁愿与同伴说，也不愿与家长说。对于家长的好心批评、劝导，他们动不动就反驳、对立，让一心爱他们的家长惊诧不已、心痛不已。这种逆反心理绝不只是个别孩子的偶然冲动，而是一种值得现代家长普遍关注的现实。

孩子有了逆反心理，经常是你要我这样，我偏不这样，反而要那样。这种情形让家长很恼火。家长越恼火就越发训斥他们，但家长的训斥起不了什么规劝作用，反而更增加了他们的反感情绪。家长这时若不能正确理解、谅解孩子的逆反心理，孩子很容易就会逃学、离家出走甚至走上犯罪的道路。家长对此可不能粗枝大叶，听之任之。

小燕的妈妈很为孩子的教育问题头疼。她找到老师诉说："我和她爸爸都是60年代出生的人。我们根本不明白现在的小孩在想什么，我和她爸爸虽然都是知识分子，但是在和孩子的沟通、对她的教育上，实在太失败了。"小燕妈妈的话语里有着太多的无奈。

"我们都是从那个困苦的年代过来的，如今生活好了，把大部分时间都倾注在孩子身上，但是这些不但得不到女儿的认可，而且她还经常和我对着干，我觉得这孩子真让人伤心。"小燕的妈妈提起自己的女儿眼圈红红的。

但是，和小燕交谈的时候，老师发现这个小姑娘很有自己的一套想法。"我

妈就会给别人讲，她多辛苦，我多不理解她，可她理解我吗？偷看我写的日记，不让我接男同学的电话，同学过生日，她又死活不让我去，整天唠叨着我的不是，什么都得听她的，凭什么呀？我长大了，才不想被她牵着鼻子走呢。和家长有什么好交流的，结果还不是一样？他们要的只是一个听话的木偶。"小燕把这些话一连串地说了出来。

其实，在我们的周围，小燕和她妈妈的困扰很常见。一些正值青春期的孩子，反抗性极强，他们常常爱激动、乱发脾气、与大人唱反调，这是因其自我意识刚开始树立，做事希望按自己的意愿办，一旦大人稍加约束，他们就会产生反抗心理。

实际上，处于青春期的孩子视野更开阔，自主意识更强，他们不再像小时候那样时时处处听从家长的命令了，他们已经有了自己评判事物的标准和看待问题的特有角度。这些特有的标准和角度在他们同龄人之间心领神会，但在一些家长的眼里却是混沌一片、不知做何解释。一些家长渴望明白个究竟，随时随地都想监控自己的孩子，而孩子随时随地又想摆脱家长的监控。在监控与反监控的较量中。世代沿袭的家长的权威和地位正经受着前所未有的质疑和挑战。孩子们对于家长的一言堂的管教方式产生了强烈的逆反心理，觉得自己不必听从家长的管教。

孩子之所以产生逆反心理，有着内外两方面的原因。一是因为十来岁的孩子正处于人生的过渡期。这时，他们的独立意识和自我意识日益增强，希望摆脱成人的监护和束缚，反对成人再把他们当小孩看。为了表现自己非凡的思维和能耐，他们喜欢对任何事情都采取批判、否定的态度。然而事与愿违，当他们发现外界始终无视他们的独立存在，对他们的自我表现一概否定或根本不感兴趣时，他们又会采取更尖锐、更极端的方式来证明自己的与众不同。这是孩子逆反心理产生的内因。二是因为家庭、学校的因素。比如老师、家长的教育方法不当，没有顺应他们生理、心理发展的需求，对他们提出了不切实际的要求，使他们身心疲惫、不堪重负，于是就产生了强烈的对立情绪，故意跟老师、家长对着干。这是孩子逆反心理产生的外因。

其实，所谓的逆反心理不是一种异常现象，它是由于父辈和子辈之间价值观的不一致而产生的正常的心理过程。一般来说孩子在发育的过程中会有两个逆反期。第一反抗期是在三四岁的时候，这个时候由于儿童自我意识的发展，说话、运动、认识事物能力的发展，他会感到有些事情自己可以做了，所以跟父母亲的教育观点就会产生冲突。第二反抗期是在青春期前后。从心理发育的角度来说，这都是孩子的正常心理发展。但对父母亲来说，会觉得孩子在对抗自己。

许多父母亲都觉得孩子有逆反心理对其身心健康不利，但逆反心理并非一无是处，它虽有妨碍孩子身心发展的一面，但也有很多正效应，甚至包含许多积极的心理品质。逆反心理包含诸如自我意识强、勇敢、好胜心强、有闯劲、能求异、能创新等积极的心理品质。现代社会充满竞争，迫切需要具有创造性思维、眼界开阔、能进取的人才。因此，父母亲要善于发现逆反心理中的创造性品质和开拓意识，并加以合理引导。只要引导得当，逆反心理定然能够在对孩子的教育中发挥积极的作用。

逆反心理在某种程度上能防止一些不良品质的形成。逆反心理强的孩子在不顺心、烦闷、压抑、不满意的时候敢于发作，能使不愉快的心情和不利于身心健康的负面情绪不至于长期滞留于心中得不到释放。他们不会有畏缩、压抑的心理，也不会懦弱、保守、逆来顺受。这些都能起到维持身心健康的作用。

面对孩子的逆反心理，父母应该怎么说、怎么做？

1. 用"平行交谈"的方式与他们沟通

交谈可以使双方互相沟通，只有沟通了才能相互理解。但是，交谈必须建立在双方平等的基础上，家长可以以朋友的身份与孩子"平行交谈"。家长用"平行交谈"的方式跟青春期的子女谈话，往往能引起热烈回应。"平行交谈"其意思是家长与子女一面一起做些普通活动，一面交谈，重点放在活动上，而不是谈话的内容上，双方也不必互相看着对方。这种非面对面的谈话方式会让家长和孩子都感到轻松自在。家长与孩子的谈话内容，最好是多谈一些如何学会求知识，学会做事，学会共处，学会做人等。在交谈中，还要注意坚持从事情到关系、从事情到感情、从一般到特殊等原则，从而使孩子与家长之间无话不谈。

2. 营造聆听气氛，做孩子的顾问

家长要设法让孩子觉得那样做是很自然的，其诀窍就是让家里时时刻刻都有一种"聆听的气氛"，这样，孩子一旦遇上重要事情，就会来找家长商谈。要达到这个目的，其中一个好方法就是经常抽空陪伴孩子，如利用共聚晚餐的机会，留心听孩子说话，让孩子觉得自己受重视。学会做孩子的顾问，只细心聆听、协助抉择，而不插手干预，更不代其做主。

3. 不给孩子过分的爱

青少年时期是渴望独立的时期，过多的保护会使孩子内心烦躁不安，产生抵触情绪，其报复和逆反心理也会日趋严重。应该允许孩子有自己的秘密，因为拥有秘密是他们感悟自我、体验成长的重要方式。

4. 让孩子有自己的空间

过多地干涉实际上是家长对孩子不信任、不尊重的表现，会使孩子受到伤害，理解和尊重才是构成良好亲子关系的基础，因此对孩子不要无所不问。"新新人类"孩子通常不会把很多有关自己的事告诉家长。如果你的孩子也是这样，你应该把孩子告诉你的任何事情都视为礼物，加以珍视。

（五）谨防青春期抑郁症的形成

青春期是人生进入成熟期的初始阶段，由于性的成熟，学习的紧张，神经系统承受的压力更大，尤其是在遇到挫折和烦恼的情况下，神经系统的功能很容易失调，以致发生抑郁症。另外，从儿童期到青春期，身体发生了质的飞跃，而心理意识上还处于幼稚的儿童阶段，对失败、挫折、缺点不能正确的认识，就容易引发青春期抑郁症。

据相关资料显示，目前来看，中国的抑郁症患者已经超过了 2600 万，而其中有 1/4 都是青少年，并且男女比率是 1：2，女性明显多于男性，严重者甚至会走上"自杀"的不归路。这绝不是危言耸听，因为青春期孩子的情绪变化实在让人难以捉摸。人生的第一个转折期悄悄来临，旧的人生体系开始瓦解，不得不全部放弃，而新的体系尚未完全建立。孩子自身的意志不坚定，遇到挫折或是打击容易陷入低沉的情绪，久而久之就会引发青春期抑郁症。

小月从小聪明伶俐，也很听话。学习成绩在班里名列前茅，还是班干部。父母对她期望很高，只要她学习好，生活有求必应。初中毕业后，小月考取了重点高中，父母更是以她为骄傲。但入学不久，小月就感到不太适应，班上同学都是来自各地的优秀生，自己学习上的优势已不复存在。一次考试由于准备不充分，成绩名次一下子落到班上第 30 名。小月当时就哭了，觉得无法面对这样的现实。此后渐渐出现头昏、失眠、心情郁郁不乐，上课注意力不集中，觉得同学都看不起她，自己也对不起父母。后来她竟害怕上学，对前途失去信心。

小月的情况属于由于自尊心受损而引发的"青春期抑郁症"。从小在顺境中长大的孩子，往往缺乏忧患意识。家长只看到成绩，不知还需培养孩子的心理素质。于是孩子在面对挫折和失败或不适应新的学习环境时，心理上无法承受，产生抑郁也就难免了。

青春期抑郁症是以持久的、显著的情绪高涨或低落为基本症状的一种精神疾病。得了抑郁症之后，最明显的症状是情绪急剧地、长时间地低落，总感觉心里有无穷无尽的烦恼。从表面上看，他们表情忧伤，说话低沉、缓慢，有气无力，有严重的孤独感；不爱交际，对任何事物都不感兴趣；心理过程和动作都产生了障碍，书看不进去，字写不整齐；感觉做什么都没意思，头痛、胸闷、食欲下降、严重失眠；学习能力明显下降，还常常产生自卑感、罪恶感，对生活感到失望，甚至产生轻生的念头。

需要注意的是，在学校的心理咨询中，经常可以见到青少年因"厌学"和"生活没意思"等问题来求助，通常情况下很容易被辅导者视为"情绪不佳"或"厌学"等一般心理问题。但是，许多轻生的青少年大部分都患有严重的抑郁症。对于青春期的女孩来说，其生理方面发生了较大的变化，已初步具备了女性的所有特征，如身材窈窕、皮肤细腻、声调变高、乳房隆起、脂肪丰满、体毛出现及月经来潮。与此同时，其心理也发生了巨大的变化，心态错综复杂。这一时期女孩的心理特征主要包括自我意识增强、自尊心和自信心得到发展、性意识觉醒与发展等，一旦受到某方面的挫折，很容易产生心理抑郁，甚至走上"自我毁灭"之路。

面对这样的孩子，父母的支持很重要。家长首先要带她们到医院就医。而在家中，父母不要硬逼着孩子上学，更不要板起脸教训她们。要让孩子积极地配合医生的治疗，并告诉孩子这并不是可怕的事情，是可以治好的，同时父母可以带孩子去做一些有意义的事情，比如爬山、远足，开阔孩子的视野，在家中也要积极地引导孩子，多和孩子沟通。

四、 鼓励孩子，做孩子的"好老师"

父母必须让孩子知道，在成长的道路上，不可能是一帆风顺的。成功往往是与艰难困苦、坎坷挫折相伴而来的。父母应该鼓励孩子面对困难、不怕困难、克服困难，做生活的强者。有位教育家说过：如果孩子的生命是一把披荆斩棘的刀，那么挫折就是一块不可缺少的"砥石"，为了使孩子生命的"刀"更锋利些，应该坚决摆脱"过分保护"的教育方式，在困难面前要相信孩子，鼓励孩子勇往直前。

（一）让孩子知道你始终是他最坚强的"后盾"

有些事情常常开始比较顺利，做得很好，但后来遇到困难了，可能就很难达到预期的目标。孩子出现沮丧的情绪，在这种情况下，父母要鼓励孩子千万不可轻易放弃、半途而废。一方面，因为坚持的过程，也许能够使事情朝好的方向发展；另一方面，即使结果仍不理想，努力把这件事情做完依然是一种成功，而且，人的意志力也能得到磨炼。相信也是一种力量，让孩子知道你相信他，会给孩子无形的动力，让他坚持下去，坚持就是胜利。

霍金奇从小受到父母影响。她的父亲是考古学家，母亲有渊博的植物学知识，因此，幼年的霍金奇对矿物和植物有着浓厚兴趣。她在家中的顶楼给自己搭了个实验室，模仿大人做实验。那时，X射线结晶学的开山鼻祖威利姆·布拉格曾经写了一本面向儿童的科普读物。就是在这本书的引导下，霍金奇知道了人类可以利用X射线看到一个个的原子和分子。后来她在大学学习了X射线的衍射方法，并在毕业论文中论述了某元素有机化合物的结构，该论文发表在《自然》杂志上。

霍金奇在剑桥大学工作期间，她又继续向胃蛋白酶和胰岛素的X射线衍射挑战。她在自己从小就崇拜的威利姆·布拉格的指导下，后来成为用X射线结晶学解析生物化学结构的第一人。

认准目标的霍金奇，决定对世界上刚刚提取出来的生理活性物质如甾醇类物质、青霉素、维生素B等，逐个用X射线解析法测定其空间结构。她获得了成功。1964年，她因这些业绩被授予诺贝尔化学奖。

霍金奇能够测定出生理活性物质的空间结构并且获诺贝尔奖，她的确应该感激幼年时读到的科普读物。正是这些读物使她几乎没有犹豫就走上了研究X射线衍射的道路，并且全神贯注地沿着这一条路走下去。

在获奖后，她得到了不授课、不做指导老师、专门从事研究的教授地位。这样，她避免了在教学事务上消耗时间，一心一意地钻研胰岛素的X射线衍射。1969年，她终于阐明了胰岛素的三维结构。

在霍金奇为目标而奋斗的过程中，也曾遇到让她棘手的问题，但是无论遇到什么样的问题，她的父母都始终是支持的态度，他们相信自己的孩子能够创造奇迹，正是因为父母的鼓励，霍金奇最终走向了成功。所以，父母要多鼓励孩子奋斗不息，只要定下了目标，就不断地努力，最终会实现这个目标。

父母要相信孩子解决事情的能力，用积极乐观的心态去影响孩子。社会是复杂的，但是，孩子必然要走上社会。因此，从小让孩子学习处理关系是很重要的。你要做个有心的父母就得明白这个道理，并尽早训练孩子，以便在孩子长大后可以少操一些心。

华人首富李嘉诚认为教育孩子不能溺爱，更不能娇生惯养，而是应该让孩子学习处理复杂的社会关系。大千世界，有好多家长常常过分呵护孩子，不敢放手让孩子大胆尝试，有的过分宠爱孩子，不舍得让孩子自己动手做事。殊不知，孩子总是要长大的，迟早要独立面对社会、面对人生，迟早要独立解决所遇到的问题。所以，在孩提时代，我们就有必要让孩子去尝试一些力所能及的事情。家长应当为孩子自己解决问题创设一定的条件和机会，让孩子学习如何自己解决问题。使之从赤裸裸地来，到匆匆地走，都能牢牢掌握好自己的命运。

父母放手让孩子去做一件事情的时候，要让孩子看到你眼中的信任，只有孩子知道父母是自己的后备力量，就一定会全力以赴，充分地发挥自己的聪明才智，达成自己的目标。给孩子提供更多探索的自由空间，让孩子自己走路，在必要时作为一名支持者给予他们一定的帮助，这是聪明家长的最佳选择。

（二）让孩子学会面对挫折，彩虹总在风雨后

著名科学家爱迪生曾经说过："失败也是我需要的，它和成功一样有价值。"孩子正处于生长的阶段，各方面都还不成熟，现在社会生活条件好了，很多事情父母都替孩子做好，让孩子失去了自我锻炼的能力，父母不能一辈子都做孩子的庇护伞，必要的时候也要让孩子经历一下风雨，只有让孩子学会吃苦，学会在苦中正视挫折，才不会像温室里的花朵一样的脆弱。

日本有一位经理人，他每天都把高兴的事情记录下来，而且要求他的下属每周向他汇报快乐的事情，并把它命名为"快乐例会"，这位经理人就是日本最大的零售集团"八佰伴"公司的总裁和田一夫。

在和田一夫72岁的时候，他的企业在一夜之间跌入谷底，多数人都以为他会心灰意冷，但这样的打击并没有把这位老人压垮。他和几个年轻人合作，开办了一家网络咨询公司。面对新的行业，他仍旧自信、积极，在他和伙伴的努力下，他们的生意红红火火。当时有记者问和田一夫："您为什么能在如此短的时间内反败为胜，东山再起呢？"和田一夫回答道："因为即使失败了，我也会笑着面对。"

美国父母很注重对孩子进行吃苦教育。为了不忘过去最困难的日子，美国一家学校给孩子们做了"忆苦饭"。结果，孩子们面对当年大人吃过的糠菜号啕大哭，拒食3天。校方毫不动摇，第4天，孩子们终于咽下了这顿忆苦饭。

在美国的许多孤岛或森林里，人们常常可以看见小学生的身影。他们在无老师带领的情况下，面对着既无水源又无淡水的可怕的自然界，安营扎寨、寻觅野果子、拾柴草、寻找水源，自己营救自己。一位孩子从荒岛归来后，感慨地对老师说："我以前以为供我们享受的一切现代化设施都是本来就有的，荒岛的历险才使我明白，人生来两手空空，一切都是劳动创造的。过去老师讲劳动光荣，我们感到很空洞，如今才真正理解了这个词的含义。"

孩子不能吃苦，不是孩子不愿意吃苦，而是家长太娇惯孩子。要想让孩子成材，就要抓好吃苦教育。李敖有句话说得好："不怕吃苦吃半辈子苦，怕吃苦吃一辈子苦。"那些吃过苦的妈妈如果不想让自己的孩子继续吃苦，就首先要让孩子学会吃苦，敢于吃苦，"咬得菜根，百事可做"，能够忍受苦难，终会苦尽甘来。

维维是全家人的宝贝，深受宠爱，要风得风，要雨得雨，渐渐地越来越霸道，也受不得半点儿委屈。如果在学校被老师批评了，让同学嘲笑了，他都会非常不开心，甚至发脾气。

有一天，还不到放学时间，维维突然气冲冲地从学校跑回了家，呜呜地哭，说什么也不愿意再去学校了。妈妈到学校去了解了情况才知道，因为有同学见他今天的衣服扣子扣错了，嘲笑了他一下，他受不了打击觉得很丢人。妈妈好说歹说把孩子送进了学校，但是也意识到儿子的心理太脆弱了。

妈妈经过思考，认为这和大人们的管教方式有关，在家里大家都呵护着维维，不让他受一点刺激，总是顺着他，满足他的任何要求，玩游戏也尽量让他当赢家，怕他输了哭鼻子、发脾气。孩子仅仅因为被人嘲笑扣错了扣子就逃避学校，那么将来长大以后，又怎么去应对各种挫折与困难？

妈妈在翻阅了一些书籍后，了解到孩子需要一定的空间和时间，去试验自己的能力，去学会如何对付危险的局势。不要为孩子做任何他自己能做的事，如果过多地做了，就剥夺了孩子发展自己能力的机会，也剥夺了他的信心。

妈妈决心对孩子采取挫折教育。晚上维维正看动画片，妈妈叫了几声开饭了，他满不在乎地说："给我送点儿饭来啊。"妈妈说："要吃自己过来吃。"维维又叫："那你给我拿饼干吧。"妈妈还是让他自己拿。维维急了，开始用哭来威胁妈妈，妈妈不理会，等维维安静了，妈妈说："饿了吧，饿了自己去吃，妈妈还是不会给你送过来。"维维只好自己离开电视去吃饭。

晚饭后，维维和爸爸玩跳棋，爸爸故意不让他，维维急得哇哇叫，爸爸说："输了棋就发脾气的孩子不是好孩子，你再好好想想，怎么可以下赢我。"

经过父母的长期努力，维维终于变得懂事了，能够独立完成自己的事情，也不再被一些小小的挫折所击倒。维维的父母也深深爱孩子，但并不一味地迁就孩子，只有让他们体验挫折、体验失败，通过不断的磨炼，才会变得自立自强。

挫折也是人生中不可缺少的一部分，过分的宠惯孩子，只会让孩子失去飞翔的能力。只有像雄鹰一样，将自己的孩子抛下山崖，才会让孩子真正的成长起来。

（三）每天给孩子多一分关注，心更贴近一些

每个孩子都需要从父母那里得到足够的重视。孩提时代缺乏父母关注的人往往自私、执拗，不懂得理解别人，也往往不信任自己。

其实，现在的独生子女都很孤独。家长把过多的精力放在了生活的忙碌和生存的压力上，好像这成了生活本来的意义和目的；老师忙于通过批改作业和加课来提高教学质量，好像这就是学生在学校的唯一目标。总之，人们无暇或疏于通过口头或肢体的语言向自己的亲人表达关注的情感。孤独的孩子有的沉默，有的内向。他们的成长尽管不缺乏物质的满足，不缺乏知识的灌溉，却缺乏应有的爱的关注。

一天，某中学的校长气冲冲地对该校一位班主任说："我去上厕所，回到校长室，正好看到这个女孩在翻我的抽屉，手里有两枚一元硬币。"

班主任听后倒抽一口冷气，对这个女孩气急败坏地说："昨天你私进美术室拿走四罐橡皮泥的事还没有解决呢，今天居然……"班主任像泄气的皮球坐在凳子上，打量面前这个胆大妄为的女生：乱糟糟的头发，脏兮兮的衣服，光从外表看就是一个不惹人喜爱的孩子。

"你去校长室拿了多少钱？"

"就两元。"

"做什么用？"

"买铅笔。"

"为什么不问家长要？"

"他们不给，说我乱花钱，他们只喜欢弟弟。"最后那句话充满委屈。

放学后，班主任去了女孩家做家访。

女孩所谓的"家"只是一个汽车库，闷热、潮湿，屋里乱七八糟地堆满了生活必需品和劳动工具。

在与女孩父母的交谈中，班主任得知：女孩从小在农村长大，祖辈也甚为娇宠，为了上学才来大城市与父母一起生活，家中还有一个弟弟。父母在车站靠帮人拉行李运东西谋生，每日起早贪黑、忙于生计，无暇顾及姐弟的生活，即使有空闲，也仅对家中的男孩关注多一些。于是，女孩便只能有脏兮兮的衣着、乱糟糟的头发，同学对其疏远也就难免了。女孩小时候也是被祖辈宠爱着长大的，如今在家中在学校都备受冷落，幼小的心灵就这样迷失了。

女孩缺乏关注，得不到成人世界的肯定和鼓励，孤独的她需要用各种反常的行为来引起成人世界的关注，加之小时候在祖父母身边长大，难免任性，缺乏良好的行为习惯，父母又没有耐心和时间来关心教育她，她便迷失了方向。

关注是一种爱，至于爱有多深，就看你关注得有多深多细致了。

孩子中除却少数优秀和少数后进的以外，其余的大多数都是普通人，他们不会有骄人的成绩，也不会有反常过激的行为，每天不需要父母和老师费多少心思。他们"乖乖"地生活和学习，教室里老师甚至感觉不到他们的存在，家里父母也只关注学习成绩。可能一学期老师都没有和他们谈过话，可能在家里和父母的谈话仅限于"功课做好了吗"、"考试成绩怎样了"等。谁来关注他们内心世界的波动和烦恼呢？他们的心理成长几乎是自生自灭的。或者可以说是在孤独中摸爬滚打的。

有人说，21世纪将是心理疾病高发的时代，我们的孩子何其不幸，要面临这样一个压力空前的生存环境。父母应该尽可能地做出努力，每天给孩子多一分关注。让孩子远离因缺乏关注而造成的孤独情绪，别让他们在孤独中成长。

那么，父母该如何给予孩子积极的关注呢？

1. 经常聆听孩子的倾诉，力争准确地理解并表述出对他的感受，使孩子感到他在父母心中所占的重要位置。

2. 及时赞许孩子表现出的良好品行，使孩子有机会了解自己的优点、长处和进步，从而引起积极的进取愿望和信心。

3. 在生活中，父母应尽可能多地抽出时间与孩子进行一些亲子阅读或亲子游戏之类的活动，活动中父母可以以"助手"或"顾问"的身份，给予孩子好的建议。引导他们提高活动能力和水平。

4. 适当让孩子做一些简单的、力所能及的家务，让他们在劳动中体验自己的价值，并增强为家庭成员服务的责任感。